UDO BAER & WALTRAUT BARNOWSKI-GEISER

Keine Angst vor der Schule

Was Eltern tun können

BELTZ kinder
kinder

Was hilft   69

Liebe Leserin, lieber Leser!

Angst ist überlebensnotwendig. Wer keine Angst kennt, rennt blindlings in Gefahren und kommt womöglich darin um. Physiologisch stellt sich unser Körper – wie bei unseren Vorfahren – in Gefahr auf Angriff oder Flucht ein. Dafür werden innerhalb von Bruchteilen einer Sekunde Hormone ausgeschüttet, von denen das bekannteste Adrenalin ist. Wir erkennen das an erhöhtem Puls und Blutdruck, kalter Schweiß tritt auf, die Muskeln sind auf Höchstleistung eingestellt, unser Gehirn ist teilweise ausgeschaltet und nur noch darauf programmiert, sich aus der Gefahrensituation zu retten.

Was uns ursprünglich das Überleben gesichert hat, ist auch heute als Reaktion auf bedrohliche Situationen angebracht. Dass aber Kinder, die zunächst neugierig und mit Lust aufs Lernen in die Schule gehen, sich schon nach kurzer Zeit nur noch unter Bauchschmerzen auf den Mathetest vorbereiten oder aus lauter Aufregung Durchfall bekommen, wenn sie an die morgige Sportstunde denken, oder aus Angst vor den Quälereien der Großen einen aufwendigen Umweg wählen, um nach Hause zu kommen: Das darf nicht sein, dagegen müssen wir etwas unternehmen.

Das Wichtigste ist deswegen, solchen Ängsten vorzubeugen, wie wir es im Anfangskapitel dieses Buches schildern. Es sind Schritte, die Sie übrigens auch unternehmen können, um Schulangst wieder abzubauen. Im Vordergrund steht dabei immer das offene und aufrichtige Gespräch mit Ihren Kindern, das Ängste löst und heilt.

Obwohl sich viele Eltern bemühen, dass ihrem Kind die Schule gelingt, haben viele Schülerinnen und Schüler Schulangst. Schulangst ist also ein weitverbreitetes Phänomen, doch es wird wenig bis nie darüber gesprochen – und häufig entwickelt sich die Angst dann im Verborgenen. Auch wissen viele Eltern gar nicht, dass ihr Kind unter Schulangst leidet, weil sie sich gerne hinter anderen Symptomen und Verhaltensweisen versteckt.

Schulen reagieren nach wir vor kaum auf diese Situation, und wenn, dann sind die Aktivitäten oft hilflos und gehen wenig auf die kindlichen Nöte ein. Tatsächlich wird viel zu häufig bagatellisiert, verharmlost oder Druck ausgeübt. Eltern erhalten Bußgeldbescheide, wenn sie »nicht in der Lage sind«, ihr Kind zum regelmäßigen Schulbesuch zu bewegen. Solche Eltern und ihre Kinder, die doch unter großen Ängsten leiden, werden auf diese Weise doppelt bestraft: Zum einen lässt man sie in ihrer Not allein, zum anderen müssen sie auch noch Bußgeld bezahlen; kein Wunder, dass solch ein unmenschlich anmutendes Vorgehen Maskierung und Vertuschung provoziert. Dennoch werden viele Lehrer und auch Eltern sagen, dass sie von den Nöten ihrer Kinder nichts wussten. Wir können ihnen das unbesehen glauben, denn Angst gehört zu den Gefühlen, die von Schülern ebenso wenig wie von vielen Erwachsenen offen geäußert werden. Angst wird nur ungern thematisiert, und wenn sie einmal ausgesprochen ist, reagieren nicht nur andere Kinder, sondern auch Eltern und Pädagogen oft mit Ratlosigkeit.

Schulangst ist ernst zu nehmen. Nicht nur weil Schulängste das Lernen behindern oder gar unmöglich machen können, sondern vor allem, weil die Kinder darunter leiden. Schule ist nicht nur ein Ort des Lernens, Schule ist auch ein Raum, in dem soziale Kontakte gepflegt werden und in dem Selbstbewusstsein und Selbstverständnis wachsen sollen und wachsen können. Wenn Kinder oder Jugendliche Schulangst haben, dann wird die persönliche Entwicklung gestört, soziale Kontakte bzw. die Fähigkeit, soziale Beziehungen zu leben, können eingeschränkt werden.

Kinder mit Schulangst brauchen Hilfe. Um helfen zu können, muss zuerst einmal die Schulangst als solche erkannt werden. Deswegen stellen wir nach dem »Vorbeuge-Kapitel« die verschiedenen »Gesichter der Schulangst« vor. Das nächste Kapitel widmet sich dann den Ursachen der Schulangst, die aus unterschiedlichen Quellen gespeist werden kann. Weil Schulangst sich sehr unterschiedlich zeigt, bedarf sie auch individuell zugeschnittener Hilfestellungen. Sie werden deshalb bei jeder Ursachenbeschreibung Vorschläge finden, wie Sie speziell bei diesen Symptomen helfen können. Gerade weil die Schulangst sehr unterschiedliche Gesichter hat und in unterschiedlichen Problemen wurzeln kann, können wir den verständlichen Wunsch nach unkomplizierter und einfacher Auflösung oder nach unmittelbar wirksamen Patentrezepten nicht erfüllen. Wie Sie dennoch passend und schnell helfen können, dabei wollen wir Sie unterstützen.

Ein Kind, das unter Schulangst leidet, bekommt oft eine ganz andere Diagnose (wie AD[H]S zum Beispiel), oder es verbirgt sich hinter Schulangst wirklich ein tiefer liegendes Symptom. Auch diesem Zusammenhang gehen wir in diesem Buch nach.

Sie finden in diesem Buch viele Beispiele von Kindern, die unter Schulangst leiden oder gelitten haben. Wir hoffen, dass manche dieser Beispiele auch für Sie eine Anregung sind, über sich und Ihr Kind nachzudenken, um herauszufinden, was hinter seinen Gefühlen stecken könnte, aus denen Sie nicht recht schlau werden. Und vielleicht finden auch Sie sich in dem einen oder anderen Beispiel wieder. Auf diese Weise können diese Beispiele also auch Ihnen eine Hilfe sein, die richtigen Schritte zu unternehmen, dass Ihr Kind in der Schule seine Freude am Lernen bewahrt und trotz des besonders für ältere Schüler sicherlich auch »normalen« Unbehagens doch gerne in die Schule geht – ohne Angst.

Gerne in die Schule gehen – Schulangst vorbeugen

Suchen Sie gemeinsam nach der richtigen Schule und sorgen Sie für ein gutes Klima zu Hause.

Der Angst keine Chance geben!

Vor allem eine gute Familienatmosphäre und stabile Beziehungen in der Schule sind die besten Hilfen, der Schulangst bei Ihrem Kind vorzubeugen. Sie sind der Boden und die Voraussetzung für einen Schulbesuch mit Spaß und Freude. Wenn dieser gegeben ist, werden die Kinder auch über Gefühle sprechen, werden Lernen und Entspannen möglich. Deshalb ist unser folgender Rat beinahe selbstverständlich: Schauen Sie sich die Schule, in die Sie Ihr Kind geben werden, genau an – aber nicht nur unter dem Gesichtspunkt, was hier alles gelernt werden kann, sondern vor allem im Hinblick darauf, welche Atmosphäre herrscht, was für das Konfliktmanagement getan wird, ob Gefühle einen Platz haben, was genau für die kleinen und großen Seelenprobleme angeboten wird. Gerade für Kinder mit sensiblen Antennen kann es wichtig sein, auch in der Schule Ansprechpartner zu haben, an die sie sich wenden können. Dies können Patenschaften durch ältere Schüler sein, Streitschlichter und natürlich Vertrauenslehrer.

Zentrale Bedeutung haben die Atmosphäre und das Schulklima. Vor allem sollte Ihr Kind die Schulatmosphäre vorab spüren – Sie als Eltern haben die Chance, von Anfang an dem »Wohlfühlfaktor« einen wichtigen Stellenwert zu geben, vielleicht einen höheren als dem Aspekt, ob die Schule gleich um die Ecke liegt oder einen Preis in einem Sportwettbewerb gewonnen hat. Auch künstlerische und sportliche Angebote (Theatergruppe, Chor, Basketball, Leichtathletik) – je nachdem, was Ihr Kindes bevorzugt und wofür es sich besonders interessiert – können einen großen Einfluss auf das Wohlfühlen haben.

Schauen Sie sich die Schule, in die Ihr Kind gehen soll, genau an.

Und: Schulerfolg ist wichtig – um erfolgreich sein zu können, braucht Ihr Kind eine Schule, die seinen Fähigkeiten und Begabungen angemessen ist. Ein Kind mit Problemen im Schreiben und Rechnen wird sich auf einem eher anspruchsvollen Gymnasium sicher schwertun. Ebenso kann sich ein hochbegabtes Kind in einer Schule schnell langweilen, in der es ständig unterfordert ist und auch nicht individuell gefördert wird. Natürlich haben Leistung und Erfolg in unserer Gesellschaft eine große Bedeutung. Nur: Wenn die Seele Ihres Kindes auf der Strecke bleibt, nützen alle Erfolge wenig.

Es kann interessant sein, in das Schulprogramm zu schauen und vielleicht nach anderen Eltern zu suchen, deren Kinder diese Schule schon besuchen. Schreiben Sie sich ein paar Punkte auf, die Sie erkunden möchten: Welchen Stellenwert haben Gefühle und Beziehungen und wie werden die von der Schule beschriebenen Vorhaben tatsächlich gelebt? Achten Sie darauf, welchen Stellenwert Bindung in dieser Schule hat: Wird der Klassenlehrer Ihr Kind auch viele Stunden betreuen, wird er möglichst über mehrere Jahre kontinuierlich zur Verfügung stehen, oder hat die Schule diesen Aspekt nicht im Blick? Es sollte möglich sein, dass Sie eine solch entscheidende Person vorher kennenlernen. Nehmen Sie die Auswahl der Schule für Ihr Kind also sehr ernst.

Weiterhin sind Sie selbst entscheidend, um Schulangst bei Ihrem Kind zu verhindern. Sie können vor allem eines tun: bei sich selbst und der Fürsorge für sich anzufangen. Sie als Eltern sind das entscheidende Modell, von dem Ihre Kinder lernen, auch, wie Sie mit Ihren Gefühlen, Ihren Konflikten, Ihrem Körper und Ihren Beziehungen umgehen. Wenn Sie zum Beispiel nie über Ängste reden, lernt Ihr Kind, dass über Angst geschwiegen werden sollte.

Bedenken Sie auch: Sie können sich noch so sehr bemühen und anstrengen, Sie können noch so sehr darum ringen, alles richtig zu machen, und können dennoch nicht die Angst verhindern. Deshalb ist es so wichtig für Ihr Kind, dass Sie einen guten Umgang mit sich selbst pflegen, wenn Sie darauf achten, wie es Ihnen geht, und wenn Sie sich Hilfe und Unterstützung, Freizeit und Freunde gönnen. Je mehr Sie in der Lage sind, Spannung und Druck aus Ihrem eigenen Leben zu nehmen, umso mehr können dies in der Regel auch die Kinder. Wenn Sie als Eltern in der Lage sind, eine Atmosphäre der Entspanntheit zu schaffen, dann wird der Raum entstehen, in dem Kinder sich Ihnen offen anvertrauen können. Kinder spüren ja, wie wir gesehen haben, sehr genau, wenn ihre Eltern besonders belastet sind. Nur in einer Familie, in der Spannung und Stress nicht übergroß sind, können Kinder vertrauensvoll mit ihren kleinen Sorgen und Nöten zu den Eltern kommen.

Um erzählen zu können, brauchen Kinder Zeit, Spiel und Liebe. In Kuschel- und Tobezeiten können Kinder am ehesten ihr Herz ausschütten. Wenn die Atmosphäre unbelastet und leicht ist, kann auch das Schwere seinen Platz finden. Sicherheit in den Beziehungen zu den Eltern und feste Zeiten für gemeinsame Aktivitäten helfen dabei.

Schaffen Sie zu Hause eine Atmosphäre der Entspanntheit und des Vertrauens.

Wir möchten Sie ausdrücklich ermutigen, einen eigenen Blick auf Ihr Kind zu bewahren – Ihr Kind ist nicht »im Schnitt 3 minus«, sondern besteht aus vielen anderen Seiten. Wechseln Sie bei schulischen Problemen einfach einmal die Perspektive: Was mag ich an meinem Kind, was macht es einzigartig und besonders? Genau das sollten Sie ihm jeden Tag vermitteln, denn mit einem derart gestärkten Selbstwert ist auch die Anfeindung durch andere Kinder besser zu verkraften.

In unseren Praxen hören wir oft vermeintliches Lob von Eltern, das zugleich mit Abwertung gekoppelt ist: »Du bist zwar gut im

Sport, aber dein Zimmer sieht wieder nicht aufgeräumt aus!«
Stärken Sie Ihr Kind, indem Sie es loben, indem Sie Ihre Wertschätzung aussprechen und nicht nur meinen, dass Ihr Kind das
schon wüsste. Ihr Kind muss Ihre Wertschätzung konkret hören
und spüren, immer wieder.

Gönnen Sie sich einfach von Zeit zu Zeit einen aufrichtigen Blick
in den Spiegel: Möchten Sie sich selbst als Vater oder Mutter
haben? Sie können jeden Tag etwas ändern und neu beginnen.
Ihr Kind wird Ihnen dankbar sein. Wie erging es Ihnen mit
Ihren eigenen Eltern, im Alter Ihres Kindes? Was hätten Sie gebraucht? Erzählen Sie Ihren Kindern von sich und fragen Sie sie
nach dem, was sie brauchen und sich wünschen. Es ist möglich,
dass Sie Ihrem Kind nun das anbieten, was Sie so dringend gebraucht hätten. Viele Unternehmungen sind das eine, aber Ihr
Kind hat auch ganz andere Bedürfnisse. So hilft gemeinsames
Reden, ein Miteinander herzustellen, in dem Raum für Gefühle
entsteht.

Wir möchten Sie dazu ermutigen, neue Schritte zu mehr Gefühlen in Ihrer Familie zu tun: Trauen Sie sich, schaffen Sie eine
angenehme Atmosphäre, unternehmen Sie etwas, was Sie alle
gerne tun, erzählen Sie von sich, darüber, was Sie gerade bewegt,
und Sie werden vermutlich überrascht sein, was Ihre Kinder Ihnen alles offenbaren – ein Abenteuer, das manchen Freizeitpark
ersetzen mag!

Wir wissen aber auch, dass Kinder trotz aller Bemühungen ihrer
Eltern unter Schulangst leiden können. Damit Sie herausfinden
können, ob Ihr Kind vielleicht auch unter Schulangst leidet, geht
es zunächst einmal darum, sie auch erkennen zu können. Dazu wenden wir uns im folgenden Kapitel den unterschiedlichen
»Gesichtern« der Schulangst zu.

Gesichter der Schulangst

Schulangst zeigt sich darin, dass ein Kind nicht mehr zur Schule gehen möchte. Aber gerade die versteckten Formen der Angst und die Vorboten für Probleme gilt es zu entschlüsseln.

Schleichendes Unbehagen

Häufig beginnt eine Schulangst als schleichendes Unbehagen:

Lisa war in der Grundschule noch freudig zur Schule gegangen. Sie freute sich auf ihre Freundinnen und sie war neugierig auf das, was sie lernen könne. Doch ab der dritten Klasse zeigte sie schlechte Laune bei allen Angelegenheiten, die die Schule betrafen. Von den Eltern darauf angesprochen, zuckt sie nur mit den Schultern. Schließlich ist Elternsprechtag, und die Mutter möchte, dass Lisa mit in die Schule geht, um mit der Klassenlehrerin zu reden. Doch Lisa weigert sich und beginnt zu weinen. Als die Mutter nachfragt, wird Lisa immer verzweifelter, kann nicht mehr reden, außer dass sie hervorstößt: »Ich will nicht! Ich will nicht!« Als der Vater hinzukommt und ebenfalls nachfragt, beginnt sie zu schreien: »Ich hasse die Schule!«

Bis zur völligen Ablehnung einzelner Lehrer oder auch der ganzen Schule muss dieses Unbehagen nicht immer gehen, der pauschal formulierte »Hass« ist allerdings oft nur die Spitze des Eisbergs »Schulangst«. Unbehagen und schlechte Laune in Verbindung mit Schule zeigen frühzeitig, dass etwas nicht stimmt, dass sich die Kinder in der Schule nicht oder nicht mehr wohlfühlen und deshalb lieber nicht in die Schule gehen wollen. Je früher solche

Vorzeichen der Schulangst ernst genommen werden und darauf reagierend das Gespräch mit den Kindern und der Schule gesucht wird, desto erfolgreicher kann eine Eskalation hin zu extremen Erscheinungsformen der Schulangst vermieden werden.

Krankheiten

Erkrankungen können ein Zeichen von Schulangst sein, vor allem dann, wenn sie vor Stresssituationen auftauchen.

Stefan bekommt regelmäßig Bauchschmerzen. Zumeist montags und manchmal auch vor Klassenarbeiten. Er krümmt sich vor Schmerzen und jammert so, dass er an solchen Tagen zu Hause bleiben darf.

Wenn Sie möglichst frühzeitig die Vorzeichen der Schulangst wahrnehmen, können Sie dem Kind auch schneller helfen.

Die Äußerung der Schulangst als Krankheit bedeutet in der Regel, dass sich die Kinder gezwungenermaßen angstmachenden Umständen stellen, ja aussetzen müssen, diese aber eigentlich nicht bewältigen können. Der Übergang zwischen Ferien und Schulbeginn oder zwischen Wochenende und dem montäglichen Schulunterricht ist für viele Kinder eine solche Stresssituation, bei anderen tritt sie vor Klassenarbeiten oder Ausflügen bzw. Klassenfahrten auf.

Die folgenden **körperlichen Symptome** können (müssen aber nicht) auf Schulangst hinweisen:
> Magenschmerzen, Übelkeit bis zum Erbrechen
> Andauernde Müdigkeit, Erschöpfung
> Schlafstörungen, Angstträume
> Kopfschmerzen

Wer Angst vor etwas hat, versucht den Angstauslöser zu meiden. Diese Kinder werden krank – ohne, dass sie das bewusst steuern könnten. Nehmen Sie solche Erkrankungen ernst, sie sind nämlich nicht mit Simulationen gleichzusetzen. Sicherlich gibt es auch kleine Schauspieler, die dann und wann eine Magenverstimmung oder Kopfweh vortäuschen, um unangenehme Situationen zu vermeiden. Zumeist aber sind die Erkrankungen im Erleben der Kinder real, die Angst vor der Schule äußert sich in Bauch- oder Kopfschmerzen, in Schwindel oder anderen Symptomen. Manchmal ist das Immunsystem der Kinder schon geschwächt oder sie hatten eine Vorerkrankung, und eine Klassenarbeit oder eine Klassenfahrt führt zum neuerlichen Ausbruch oder einer Neuerkrankung. Solche Prozesse können bis hin zu chronischen Krankheiten führen. Dass diese zuweilen mit dem Etikett »nur psychosomatisch« belegt werden, sagt nach unseren Erfahrungen wenig über das tatsächliche Leiden der Kinder aus. Auch wenn Laborwerte und Röntgenaufnahmen keine Befunde zeigen: Seelisches Leiden kann groß sein und zugleich eben in der Regel nicht »objektiv« nachweisbar.

Soziale Isolation

Eine versteckte Ausdrucksform von Schulangst kann sich auch in der sozialen Isolation, vor allem in Hinblick auf fehlende Freunde in der Klasse zeigen.

Die Eltern von Stefan bieten ihm an, zu seinem zwölften Geburtstag eine Feier zu organisieren. Doch Stefan lehnt ab: »Ich habe keine Lust auf die.«

Stefan war sich sicher, dass keiner aus der Klasse zu seinem Geburtstag kommen würde. Manchmal passiert das ja tatsächlich. Egal ob eingebildet oder wirklich zutreffend: **Angst vor Isolation** und tatsächliche Ausgrenzung können ein Zeichen für soziale Isolation sein oder aber massive Schulängste auslösen.

Aufmerksamen Lehrern fällt die Isolierung in der Klasse z. B. daran auf, dass ein Kind in der Pause mit niemandem zusammensteht oder spielt oder dass das Kind bei Gruppenarbeiten niemanden findet, der mit ihm gemeinsam arbeiten möchte. Auch wenn sich ein Kind in jeder unterrichtsfreien Minute an einen MP3-Player stöpselt, kann dies nicht nur ein Hinweis auf Musikleidenschaft sein, sondern auch zunehmende Vereinzelung in der Schule bzw. Ängste vor dem Kontakt mit Klassenkameraden und anderen Mitschülern bedeuten.

Achten Sie beim Umgang mit Medien auf den Unterschied zwischen einem möglicherweise problematischen Rückzug aus der Umwelt und z. B. exzessivem Surfen im Netz: Der Austausch von MP3s per Internet, gemeinsame Handy-Nutzung oder vernetzte Spiele zeigen eher eine gute soziale Anbindung, »Ego-Shooter« oder stundenlanges Musikhören im Zimmer könnten dagegen ein Anzeichen für Isolierung sein.

Verstummen

Wenn manchen Kindern »alles zu viel« wird, hören sie auf zu reden.

Dass Stefanie nicht mehr spricht, fällt lange nicht auf. Es gibt genug andere Kinder in der Klasse, die sich lautstark Gehör verschaffen. Die Lehrerin ist froh um jedes Kind, das nicht stört. Stefanie stört nicht, sie verstummt. Sie meldet sich nicht, sie beteiligt sich nicht am Unterricht, und wenn sie angesprochen wird, schaut sie nur mit großen Augen die anderen an und sagt kein Wort.

In der therapeutischen Fachsprache wird ein vollständiges Verstummen »Mutismus« genannt. Nur selten ist der Mutismus jedoch vollständig und betrifft alle Lebensbereiche des Kindes, häufiger betrifft er bestimmte Lebensbereiche, z. B. die Schule, während das Kind im häuslichen Umfeld noch redet, meist weniger als zuvor, aber oftmals ist es immerhin in der Lage, mit der Mutter oder den Eltern einige Sätze zu wechseln. Wenn Kinder danach gefragt werden, was sie zum Verstummen bringt oder gebracht hat, wissen sie oft keine Antwort, schweigen sie auch jetzt.

Hinter jedem Verstummen steckt eine Überforderung. Worin die Überforderung beim einzelnen Kind besteht, ist individuell unterschiedlich. Betrifft das Verstummen vor allem die Schule, liegt zumindest der Verdacht nahe, dass eine Schulangst dem Verstummen zugrunde liegen kann. Mit einer Angst vor Katzen kann ein Kind umgehen, indem es den Kontakt mit Katzen vermeidet. Eine Angst vor der Schule kann das Kind nicht vermeiden, da Schulpflicht besteht und es zur Schule gehen muss. Also zieht es sich aus dieser überfordernden Situation innerlich zurück und verstummt.

Angst vor der Schule kann das Kind nicht vermeiden, da es zur Schule gehen muss.

Der Kampf um Aufmerksamkeit

Auch auffällige Aktivität und Erregung können auf Schulangst hinweisen. War den bisher beschriebenen Ausdrucksformen von Schulangst gemeinsam, dass sie zumeist in Rückzug unterschiedlicher Art mündeten, so gibt es auch das Gegenteil: Schulangst zeigt sich dann in großer Erregung und entsprechenden Verhaltensweisen. Das Kind bemüht sich besonders auffällig um Aufmerksamkeit in der Klasse.

Christian meldet sich immer, egal, ob er die Antwort auf eine Frage weiß oder nicht. Er meldet sich sogar, wenn gar keine Frage gestellt wird. Wenn der Lehrer sich mit anderen Kindern beschäftigt, hält er das nicht aus und redet dazwischen. Immer wieder will er einfach nur beachtet werden.

Ein solch starkes Bemühen um Aufmerksamkeit entspringt häufig der Angst, ohne diese Zuwendung von anderen unterzugehen. Manche Kinder haben in der Schule nicht nur Angst davor, etwas falsch zu machen, sondern sie haben Angst, falsch zu sein und sich zu verlieren. Keine Aufmerksamkeit erhalten wird damit gleichgesetzt, bedeutungslos zu sein. Als Gegenreaktion darauf suchen solche Kinder ihre Sicherheit in Kontakt mit dem Lehrer und kämpfen, wie Christian, verzweifelt um Aufmerksamkeit. Die Übererregung kann auch darin einen Ausdruck finden, dass Kinder dauerhaft stören bzw. ständig Konflikte mit anderen austragen.

Keine Aufmerksamkeit zu erhalten wird oft damit gleichgesetzt, bedeutungslos zu sein. Manche Kinder suchen deswegen ständig die Aufmerksamkeit und Zuwendung des Lehrers.

Sara sagt von sich, dass sie in der Schule »immer Mist baut«:
»Ich kann nicht anders!« Sie streitet sich jeden Tag und in jeder
Stunde mit ihrer Lieblingsfeindin Manu, sie vergisst alles, rastet
manchmal aus und wirft Dinge auf den Boden oder kippt gele-
gentlich sogar den Tisch um. Auf die Frage, was denn wäre, wenn
sie das nicht tun würde, antwortet sie: »Dann würden sie mich
alle fertigmachen!«

Der Hintergrund von Saras aggressivem Verhalten ist ihre Angst, unterzugehen und »fertiggemacht« zu werden. Sie kämpft gleichsam vorsorglich gegen alles, was ihr gefährlich werden könnte, gegen Manu, gegen andere Mitschüler und gegen die Schule – diese Liste ließe sich endlos fortsetzen. Wer solche Angst hat, »fertiggemacht« zu werden, befindet sich in dauerhafter Erregung und Anspannung, in hoher Wachsamkeit vor möglichen Gefahren. Eine solche Erregung und Anspannung entladen sich leicht in aggressiven Aktivitäten, deren Quelle in diesen Fällen nicht als Wut oder Zorn missverstanden werden sollte; die Ursache ist Schulangst.

Andere Kinder befinden sich in ständiger Wachsamkeit vor möglichen Gefahren.

Kleine Veränderungen – große Wirkung

In der Schule ereignen sich häufig kleine Veränderungen, die die Kinder oftmals überraschen oder beunruhigen. An manchen Tagen ist die Schule eine Stunde früher aus als geplant oder dauert eine Stunde länger, ein Lehrer hat sich kurzfristig krankgemeldet und wird durch einen anderen vertreten, oder eine Klassenarbeit wird geschrieben, ohne dass sie vorher angekündigt wurde und dergleichen mehr. Manche Kinder reagieren auf solche Veränderungen nicht nur mit Überraschung oder Verwunderung:

Als Jonis Sitznachbar am Dienstag nicht zur Schule kommt, denkt Joni zuerst, er wäre verspätet. Das passiert schon mal. Doch als er nach der ersten Stunde immer noch nicht da ist, geht er aufgeregt zur Lehrerin und fragt: »Wo ist Simon?« Die Lehrerin antwortet: »Er hat sich krankgemeldet.« Da rastet Joni aus: »Das geht doch nicht! Das glaube ich nicht! Das geht doch nicht!« Er beginnt zu toben, wirft einen Stuhl um, ist außer sich.

Solche Verhaltensweisen zeigen, wie existenziell notwendig für manche Kinder stetig gleiche Rahmenbedingungen sind, die Schule aber nicht immer anbieten kann. Ändert sich an diesen Rahmenbedingungen etwas, verlieren die Kinder ihren Halt. Dies besonders stark, wenn die Veränderungen überraschend eintreten. Wenn die gleichbleibenden Bedingungen eine solche große Bedeutung haben, ist das nahezu immer ein Zeichen dafür, dass das Kind von großer Angst erfüllt ist. Diese Angst wird durch die Kontinuität der Rahmenbedingungen im Zaum gehalten, ist allerdings zumeist auch von großer innerer Erregung begleitet. Ändert sich nun etwas an den Rahmenbedingungen, bricht diese Erregung aus, und der Halt des Kindes fällt in sich zusammen.

Selbstverletzung

Oft verbirgt sich unter dem Mantel der Schulangst eine große Spannung, die die Kinder und Jugendlichen jedoch selbst nicht benennen können, ist sie doch oftmals wenig bewusst. Diese Spannung sucht einen Ausdruck und will abgebaut werden.

Manche Kinder klagen in diesem Zusammenhang über Hautprobleme, unerträgliches Jucken, das sie in ihrem Erleben nur durch Kratzen glauben auflösen zu können. Manchmal sind Ritzen und ähnliche Formen der Selbstverletzung ebenfalls ein Ausdruck von Schulangst, wie Alex in einer Therapiesitzung erzählt:

Alex, 10 Jahre, kommt zur Therapie auf Wunsch seiner Eltern, die ihn oft nicht mehr zum Schulbesuch bewegen können. Seine Lehrerin beschreibt ihn als »Spitzenschüler« im schriftlichen Bereich, mündlich wirkt er extrem eingeschüchtert (er sitze oft mit gefalteten Händen und völlig regungslos die gesamte Schulzeit lang), auf dem Schulhof meist ganz allein unter Kopfhörern, am Rande der Klasse stehend.

»Ich bin sehr, sehr still und rede nicht im Unterricht, also eigentlich: Ich melde mich nie. Wenn es ganz schlimm ist, also, wenn ich ganz viel Angst habe vor der Schule und vor dem, was da alles so kommt am nächsten Tag, dann kratze ich mich abends blutig, wenn ich im Bett liege. Wenn ich merke, wie die Haut wehtut, dann ist die Angst erst mal weg.«

»Du hast also Angst?«, fragt der Therapeut, Alex' Erzählung aufgreifend. »Ich habe, glaube ich, schon immer Angst, viel, oder vielleicht seit ich in den Kindergarten musste. Da war einer nicht nett zu mir oder eigentlich ganz viele, da habe ich zu Hause dann

immer geweint, wenn die gemein zu mir waren. Meine Mama hat dann manchmal mitgeweint und mich nachher aus dem Kindergarten genommen, damit ich wegkonnte von den Kindern. Die Erwachsenen, so die Kindergärtnerinnen und Leute, die da waren, hatten mir auch wenig geholfen. Meine Eltern helfen mir, wenn ich Angst habe. Ich glaube, mein Vater hatte auch immer soviel Angst früher in der Schule. In der Grundschule ging es dann etwas besser, da waren die dann netter, die Kinder, da hatte ich auch Freunde. Aber die Lehrer waren nicht so nett. Wenn die Lehrer nicht nett sind, dann liege ich abends im Bett und habe Angst, dass ich was vergessen könnte oder dass ich nicht weiß, was ich antworten soll, wenn die was fragen. Ich habe besonders Angst, wenn ich Stunden bei Frau Z. habe. Frau Z. ist streng und will, dass wir viel können, und das möchte ich ja auch – aber dann habe ich abends im Bett Angst und Bauchschmerzen – Mama und Papa haben dann schon immer mit mir Angst.«

Der Therapeut lädt Alex ein, einen Klang für seine Angst zu finden. Er spielt lange nicht, erst als der Therapeut sehr leise die Oceandrum (eine »Meerestrommel«) bewegt, mitspielt, ertönen zwei sehr kurze Maracasklänge (eine Rassel). Alex schaut die ganze Zeit über auf den Boden. »Hat dein Vater auch Angst wie du?«, fragt der Therapeut.

»Oh ja!«, sagt Alex, »aber nicht so viel, er hat viel Angst um mich, Mama auch. Wir sind immer mit dem Handy in Verbindung, und wenn ich mal nach der Schule nicht sofort nach Hause komme, dann weint meine Mutter sogar. Meine Mutter hat auch viel Angst, dass ich etwas mache, was mir nicht guttut. Ich darf Filme erst später gucken als andere Kinder. Meine Mutter hat Angst, dass ich Sachen sehe, die mir nicht guttun und mir Angst machen könnten. Wir essen auch nur Sachen, die gesund sind, damit wir nicht krank werden.«

Hier wird deutlich, dass Alex' Schulangst eingebettet ist in die familiäre Angstatmosphäre. Offensichtlich laden sich die Ängste von Vater, Mutter und Sohn gegenseitig auf, und Alex findet im blutigen Aufkratzen der Haut ein Ventil, die daraus entstandene Angstspannung zu lösen, zumindest zeitweilig zu lindern.

Das Beispiel von Alex zeigt, dass die Angst eines Kindes vor dem Schulbesuch auch in Erfahrungen außerhalb der Schule begründet sein oder, wie in dieser Familie, von den Eltern wahrscheinlich – unbewusst und ungewollt – verstärkt werden kann.

Der Grund für die Schulangst kann auch außerhalb der Schule liegen.

Es lohnt sich also, einen Blick auf die jeweiligen Quellen der Schulängste zu werfen und nach diesen zu suchen, innerhalb der Schule und außerhalb. Die häufigsten solcher Quellen, die uns begegnet sind, wollen wir im folgenden Kapitel vorstellen.

Vorformen der Schulangst verfestigen sich nach und nach zu Symptomen:

Kinder reagieren sofort mit Stimmungsumschwung, wenn die Sprache auf Schule und Unterricht kommt.

Typische Erkrankungen wie Bauchschmerzen und Kopfweh treten in Stresssituationen auf.

Die betroffenen Schüler haben wenig bis keinen Kontakt, manche verstummen regelrecht.

Umgekehrt kann auch ein überhöhtes Bedürfnis nach Aufmerksamkeit und Zuwendung auf Schulangst hinweisen.

Quellen der Schulangst

Die Gesichter der Angst sind vielschichtig. Wir müssen die darunter liegenden individuellen Ursachen kennen, um wirklich helfen zu können.

Angst braucht Zeit und Raum, Angst braucht individuelle Hinwendung. Da kommt ein Junge nicht mehr gerne in die Schule, weil er in der ersten Klasse gehänselt oder bloßgestellt wurde; da wiederholen sich Schulängste des Vaters beim Sohn; da bahnen sich unbewältigte Kindheitserlebnisse der Eltern einen Weg. Nur individuell können wir erfühlen und schauen, was uns die unterschiedlichen Gesichter der Schulangst erzählen. Wir dürfen es deswegen nicht dabei belassen, die Maskierungen der Schulangst zu betrachten, sondern müssen auf die Quellen schauen. Nur wenn wir sie individuell identifizieren – mit den Kindern gemeinsam! –, können wir geeignete Hilfen suchen und finden.

Überforderung bei Übergängen – »Die neue Schule ist doof!«

Wechsel von einem Ort zum anderen oder von einer Schule zu einer anderen werden von Kindern nicht nur als Herausforderung oder möglicher Gewinn erlebt, sondern oft als großer Verlust, der Ängste vor dem Neuen auslöst.

Als Stefans Vater von Bayern ins Rheinland umziehen muss, ist der Junge traurig. Er verliert alles, was ihm vertraut ist, vor allem seine Freunde. »Aber dass es so schlimm werden würde, habe ich nicht gedacht. Hier ist ja alles anders«, erzählt er später. »Die sprechen hier ja sogar anders und manche Spiele, die ich gern mache, kennen die gar nicht.« Für Stefan gibt es eine harte Grenze zwischen dem Ich und dem »die«, zwischen sich und den »anderen«. Die »anderen«, das sind die Schule, die Lehrer, die Kinder in der Klasse, die neuen Nachbarn, die neue Gegend, der neue Dialekt. Alles ist fremd. Stefan bleibt innerlich in seiner alten Heimat. Mit der neuen kann er nicht warm werden, sie macht ihm folglich Angst: »Ich will da nicht mehr hin. Die neue Schule ist doof. Ich habe Angst.«

Die Bedeutung des Ortswechsels wird oft unterschätzt und deswegen meist zu wenig begleitet bzw. seelisch unterstützt. Die alte Heimat zu verlassen bedeutet immer auch, Vertrautes zu verlieren, Geborgenheiten und Freundschaften. Das ist traurig, und diese Trauer braucht Raum. Je weniger die Kinder mit anderen Menschen gemeinsam trauern können und dürfen, desto schwieriger wird es, sich auf Neues einzustellen. Wer das Alte nicht loslassen kann, hat das Herz und die Hände nicht offen, um nach Neuem zu greifen. Folglich bleibt das Neue fremd und macht Angst.

Angst macht manchen Kindern auch der Übergang von der alten Schule in die neue, zumeist in eine weiterführende Schule. Was für viele Kinder eine zu bewältigende Herausforderung ist, kann von manchen Kindern als Bedrohung erlebt werden. Entscheidend ist oft, ob Freundinnen und Freunde aus der Grundschule mit in die weiterführende Schule kommen oder ob die Kinder in der neuen Umgebung allein sind und außen vor bleiben. Gelingt es nicht, neue Kontakte zu knüpfen, kann das Unbehagen vor dem Neuen und dem Fremden in Angst umschlagen, zuerst in Unlust und Widerwillen, dann in konkrete, manchmal sogar panische Ängste, überhaupt in die neue Schule zu gehen.

Nach einem Orts- oder Schulwechsel muss Trauer um verloren gegangene Freunde und Sicherheit möglich sein.

Hilfreich bei Übergängen ist zuerst einmal, diese als schwierige, mit Gefühlen verbundene Veränderungen, ernst zu nehmen und auch als solche zu benennen. Oft wird versucht, Kindern die Traurigkeit zu ersparen und sie aufzumuntern mit Sätzen wie: »Das wird schon alles toll werden, du wirst schon sehen.« Doch die Freunde zu verlieren ist traurig, da helfen auch solche Sätze nicht. Trauer muss geteilt werden, braucht Raum, nur dann kann sie allmählich verschwinden, und nur dann kann Platz für Neues entstehen.

Eine wichtige Unterstützung besteht auch darin, dass der Übergang in die neue Schule vorbereitet wird. Das Neue, das man nicht kennt, kann beängstigende Bilder entstehen lassen. Wenn ein Kind schon einmal eine weiterführende Schule besucht hat, z. B. bei einem Tag der offenen Tür, wenn es schon den Lehrer kennt, wenn es schon vor einem Umzug die neuen Straßen erkunden konnte, werden die Bilder konkreter, und der Übergang kann leichter gelingen. In diesem Zusammenhang sind auch die Schulen gefragt, Übergangsbegleitung zu fördern oder selbst anzubieten. Dies gilt insbesondere für Kinder, die während des Schuljahrs wechseln. Hier brauchen sie dringend »Übergangsbegleiter« oder Paten, die als Ansprechpartner dem »Wechsler« helfen, sich in der neuen Umgebung zurechtzufinden, Unterrichtsmaterialien zu besorgen, Verbindungen herzustellen.

Überforderung durch Druck – »… weil ich so undiszipliniert bin.«

Viele Kinder stehen unter starkem Druck. Sie hetzen von Termin zu Termin, vom Ballettunterricht zum Reiten, von der Nachhilfe zum Sport. Sie spüren die Angst der Eltern um den Arbeitsplatz von Vater oder Mutter. Sie sind dem Anspruch der Eltern ausgesetzt, gute Noten zu erzielen. Aber auch Spannungen zwischen den Eltern, drohende Trennung, Konkurrenzkämpfe mit Geschwistern erzeugen eine Atmosphäre von Einschüchterung. Auch Lehrer können unter Anspannung stehen, vielleicht weil sie an der Schule nicht klarkommen oder private Schwierigkeiten haben oder meinen, vor der Klasse zu versagen. Ganz gleich um welchen Druck es sich handelt, manche Kinder, besonders die empfindsamen, neigen dazu, wie ein Staubsauger diese negativen Gefühle in sich aufzunehmen. Das Ergebnis ist Angst, pure Schulangst, wie das folgende Beispiel zeigt:

Sabine, 13 Jahre, kommt auf Anraten ihrer Lehrer in die Therapie, weil sie sich in der Klasse völlig isoliere, sehr verstört wirke bei zugleich überdurchschnittlich guten Schulleistungen und vorliegender Bescheinigung über Hochbegabung.

»Wir sind immer zusammen, meine Eltern und ich, jede freie Minute. Wir lieben uns, alle drei. Ich mag sie sehr, ich hätte nur manchmal noch gern eine Schwester, mit der ich spielen könnte am Wochenende, wenn wir zusammen sind. Aber vielleicht wäre die ja auch gar nicht so nett, wenn es die gäbe, und die würde sich vielleicht nicht richtig an unsere Regeln im Haus halten und dann gäbe es womöglich Streit. Wir streiten fast nie, meine Eltern und ich, wir legen sehr viel Wert auf Harmonie. Streit gibt es meistens nur um mich, weil ich so undiszipliniert bin. Ja, ich könnte so viel mehr, wenn ich mich mehr anstrengen würde, sagt mein Vater. Das weiß ich auch. Also, in der Grundschule hatte ich nur Einsen, in der fünften Klasse hier auch, aber jetzt habe ich sogar einmal eine Drei geschrieben, und da ist natürlich der Weg nach unten kurz. ›Man ist schneller bei den Schlechten, als man denkt!‹, sagt mein Vater immer.

Mein Vater weiß eigentlich alles, glaube ich, obwohl, die Hausaufgaben macht meine Mutter mit mir, weil die das machen soll. Meine Mutter ist Bibliothekarin, die hat ganz viel gelesen und die ist, seitdem ich auf der Welt bin, zu Hause geblieben, damit sie Hausaufgaben und so was mit mir machen kann. Meine Mutter hat also eigentlich ihr Leben aufgegeben, um sich um mich zu kümmern. ›Man setzt nicht Kinder in die Welt, um sich dann nicht um sie zu kümmern!‹, sagt meine Mutter.

Wir sind auch am liebsten unter uns an den Wochenenden, mein Vater braucht seine Ruhe, der hat einen anstrengenden Beruf, und wenn dann andere Kinder kämen, dann gäbe das nur Unru-

Wer ständig überfordert ist, dem wird bald alles zu viel.

he und Dreck. Es muss sehr aufgeräumt sein bei uns, sonst fühlt sich mein Vater nicht wohl, und der verdient ja auch das Geld, damit meine Mutter sich darum kümmern kann. Ich hatte früher mal ein paar Freunde eingeladen, aber die haben uns dann nur die Wohnung versaut.

Papa möchte einfach das Beste für uns alle. Auch Mama. Mama ist im Moment nicht so glücklich mit mir, weil ich zu dick werde. Ich bin jetzt schon nah am Normalgewicht, wo ich früher immer Idealgewicht hatte. Das fehlt noch, dass ich jetzt so richtig dick werde. Meine Mutter war sehr dick als Kind und die wurde nur geärgert – ich glaube, das hat sie bis heute nicht vergessen, weil Freunde haben will Mama nicht mehr. Papa eigentlich auch nicht, der ist auch viel geärgert worden. Dem hat Schule auch keinen Spaß gemacht, aber: ›Sabine, da musst du durch!‹, sagt Papa. Ich find das schon nervig, dass ich jetzt immer auf das Trimmfahrrad muss, wenn ich mich satt gegessen habe.

›Essen und nicht bewegen, Sabine, das geht nicht zusammen!‹, sagen meine Eltern, und da haben sie ja auch recht. Es sind eben nur viele Regeln, sodass fast nichts mehr an Zeit bleibt – wenn ich mich nicht mindestens fünfmal jede Stunde gemeldet habe –

meine Eltern führen mit mir so eine Liste, also meistens Mama und ich – dann muss ich eine Extrastunde lernen, und wenn ich dann wieder so viel Hunger hatte, muss ich abends eine ganze Stunde oder noch mehr Rad fahren. Und seitdem die Lehrer sich darüber beschwert haben, dass ich keine Freunde habe, obwohl ich das nicht so schlimm finde, muss ich auch einmal die Woche einen Sozialkontakt haben, möglichst bei jemand anderem zu Hause oder in einem Verein.

Ich habe jetzt morgens oft Angst. Angst, dass ich den Tag nicht schaffe, weil ich wieder so undiszipliniert bin oder krank werde und es nicht schaffe; wenn ich eine Sache nicht gemacht habe, dann wird das ja immer mehr, was ich nachholen muss, und wenn ich jetzt auch noch schlecht in der Schule werde. Oje!«

Dass diesem Kind alles zu viel ist, dass die vielfältigen Anforderungen Sabine überfordern, kann man nur zu gut verstehen. Im Korsett der zahlreichen »Leitsätze«, die sie von den Eltern übernommen hat, bleibt kaum Luft zum Atmen. Diese Enge, in der Wortbedeutung (mit dem gleichen Wortstamm wie das Wort Angst), wird zur Wurzel des Leidens.

Dem elterlichen Druck standzuhalten kann keinem Kind auf Dauer gelingen. Er ist die Quelle der Angst, es nicht zu »schaffen«. Sabine ist mit diesem Problem kein Einzelfall, wir hören oft, viel zu oft ähnliche Geschichten in unseren Therapien. Der zunehmende Arbeitsdruck in der Gesellschaft, die Angst darum, was die Zukunft bringt, wird in vielen Familien an die Kinder weitergegeben.

Der zunehmende Arbeitsdruck in der Gesellschaft, die Angst darum, was die Zukunft bringt, wird in vielen Familien an die Kinder weitergegeben.

Kinder wie Sabine brauchen keine Hilfe beim Umgang mit der Angst, sie brauchen Hilfe bei der Reduzierung des Drucks. Wird der Druck geringer, verliert sich ihre Angst.

Schulklima – »Da wird mir ganz übel, schon wenn ich in die Klasse komme!«

Die Atmosphäre in der Schule und in der Klasse wird als Quelle von Schulangst häufig zu wenig beachtet oder völlig übersehen. Es kann eine spannende Erfahrung für Eltern sein, einmal den Unterricht ihrer Kinder zu besuchen und das Klima dort auf sich wirken zu lassen. Einerseits setzen natürlich Schulgebäude und Klassenraum bestimmte räumliche Bedingungen, vor allem jedoch sind es die Menschen, die den Raum beleben, die Stimmungen erzeugen, auf die andere wiederum auf ihre ganz individuelle Weise reagieren. Ein Phänomen, das wir auch als Resonanz bezeichnen.

Zara klagt immer häufiger über Unwohlsein, sie geht nicht mehr gerne in die Schule. Ihre Mutter erzählt, die Tochter klage immer wieder über diffuse Ängste.

Wir versuchen in der schulischen Beratung, gemeinsam herauszufinden, wann es anfing, dass sie sich in der Schule nicht gut fühlt, denn Zara hatte auch Phasen, in denen sie gerne den Unterricht besuchte. »*Eigentlich hat es angefangen seit die Lehrer uns anders hingesetzt haben. Die Lehrer finden unsere Klasse furchtbar wild und unruhig, und jetzt sitzt jedes ruhige Mädchen neben einem ›wilden‹ Jungen. Ich darf nicht mehr neben Lisa, meiner besten Freundin, sitzen – ich weiß jetzt gar nicht mehr, ob Lisa noch meine Freundin ist. Und ich sitze, weil ich mich immer so gut benommen habe, sogar zwischen zwei schlimmen Jungen. Die sind beide total wild und schlagen sich oder treten auch manchmal unter dem Tisch. Philipp hat eigentlich ganz viel Angst, weil er so schlechte Noten hat und nichts kann – der passt im Unterricht gar nicht mehr auf, redet vor sich hin, und Dennis kann Philipp nicht leiden und guckt nur, wie der ihn ärgern kann. Das halt ich nicht aus! Dann ist das so unangenehm zwischen den beiden, dass mir ganz schlecht wird. Mir wird schon übel, wenn ich nur in die Klasse komme.«*

So verständlich es ist, dass Lehrer nach geeigneten Möglichkeiten der Zusammenarbeit suchen: Abseits aller bestehenden Bindungen »Not-Sitzgemeinschaften« zu bilden, die bestehende Freundschaften und unterstützende Bindungen von Kindern gänzlich außer Acht lassen, ist für manche Kinder nur schwer auszuhalten, und sie reagieren zumindest verunsichert. Einen gesamten Schultag neben Kindern zu sitzen, die Hocherregung und Spannung verbreiten, kann Angst auslösen, die zugleich schwer auszusprechen und zu benennen ist, wird sie doch allzu leicht als »unsoziales Verhalten« interpretiert. Eine unausgesprochene Schulnorm lautet: Kinder sollen mit allen Kindern arbeiten können – dies kann in bestimmten Konstellationen zu einer kompletten Überforderung werden, die Angst auslöst.

Lehrer, die unter Angst leiden, verbreiten eine emotional aufgeladene Atmosphäre in der Klasse.

Kreativ der Angst entfliehen
Wenn die Angst zu groß wird, brauchen Kinder innere Bilder und Orte, zu denen sie in der Fantasie verreisen können. Ein imaginäres Traumland kann gestaltete Sicherheit bieten.

Besonders aufgeladen wird die Atmosphäre in Klassen, wenn Lehrer selbst unter Angst leiden und ein dadurch geprägtes Klassenklima erzeugen.

Frau Z., Lehrerin, 48 Jahre, leidet an einer akuten Burn-out-Problematik. Sie und ihr Schulleiter bekommen sehr viele Beschwerden von Eltern und Schüler/n, in denen Frau Z.s »vernichtende« Art im Unterricht beklagt wird. Sie erzählt:

»Ich werde jeden Tag in der Schule fertiggemacht. Ich kann nicht mehr. Ich weiß nicht, was ich dazu tue, denn es wird wohl etwas mit mir zu tun haben, aber ich werde einfach immer zum Opfer. Schule ist mörderisch – es ist eine Ansammlung von Opfern und Tätern, so müssen Sie das letztlich sehen. Das klingt vereinfachend, aber so ist das: Macht oder Ohnmacht, da haben Sie nur die Wahl des Entweder-oder. Die machen sich über mich lustig, die Schüler, und dann muss ich schauen, dass ich auf die andere Seite komme. Opfer sind schwach: Ich muss aber stark sein. Also werde ich stark, Täterin, nicht ohnmächtig, dann trauen sie sich nicht mehr an mich heran. Ich habe Zensuren und meine Sprache, über die ich mich wehren kann, zwei, drei Sätze reichen. Ich kündige eine schlimme Zensur an, oder ich beleidige jemanden, damit er still wird.

Ich habe viel Angst, nicht nur in der Schule, das habe ich mir eigentlich noch nie eingestanden. Das fing schon in meiner Familie an. Meine Mutter hatte im Krieg viele Grausamkeiten erlebt, und sie hielt mich für schwach, und deshalb bekam ich viele Prügel, stellvertretend für ihre schwache Seite. Im Grunde hat sie an mir ihre Angst herausgeprügelt, das war sehr vernichtend. Nun bin ich in der Klasse sehr hart mit den Schülern, also verbal, das hat etwas von »du oder ich«. Ich stehe dann neben mir und weiß nicht, was ist tue. Ich mag mich selber so nicht, ich verachte mich im

Grunde – erst jetzt sehe ich, dass ich dann übermächtige Angst habe, Angst, wieder Opfer und Außenseiterin zu werden. Besser Täterin als Opfer: Opfer war ich früher. Sie haben sich über mich lustig gemacht, wo sie nur konnten – eigentlich bin ich deshalb Lehrerin geworden: Ich wollte in der Schule Kindern helfen, dass ihnen so etwas nicht passiert – aber ich glaube, jetzt bin ich eher eine gefürchtete Lehrerin.

Im verzweifelten Versuch, der eigenen Erfahrung als Opfer zu entkommen, verbreitet Frau Z. ungewollt Angst und Schrecken. Mit weitreichenden Folgen – Schüler spüren in der Resonanz Frau Z.s Angst und sind zugleich ihren Strategien der Angstbewältigung ausgesetzt.

Angst von Lehrern ist in vielen Schulen noch ein Tabuthema. Doch Pädagogen mit solchen Problemen brauchen dringend Hilfe. Eltern, die das Leiden ihrer Kinder benennen und das Klima in der Klasse ansprechen, tun einen ersten wichtigen Schritt aus der Not. Sie müssen allerdings einkalkulieren, dass sie bei einer Intervention nach unseren Erfahrungen wenig Unterstützung seitens der Lehrerschaft erhalten werden.

Manchmal liegt Angst förmlich in der Luft: Berichte über Kriege, Terroranschläge, Naturkatastrophen und viele andere Berichte in den Medien oder auch Gesprächsthemen zwischen Erwachsenen beunruhigen insbesondere feinfühlige Kinder. In den Tagen und Wochen nach den Amokläufen in Deutschland meldeten sich in unseren Praxen viele Kinder und wollten über ihre Ängste sprechen. Sie thematisierten zunächst nicht das aktuelle Ereignis, sondern berichteten von Ängsten vor Einbrechern und Überfällen. Der Amok lag gleichsam unheilschwanger in der Luft, bestimmte das Klima und wurde von vielen Kindern über die Benennung anderer Ängste verarbeitet, bis die eigentliche, die besonders große Beunruhigung über eine Tat, die überall möglich scheint, zur Sprache kommen konnte.

Auch Berichte über Terroranschläge oder der Amoklauf an einer Schule können Schulangst erzeugen.

Beschämung – »Das hat sich dann angefühlt wie ein schwarzes Loch!«

In Schulklassen geht es vor allem um Lernen, Leistung und folglich auch Bewertung. Es werden nicht nur positive Rückmeldungen gegeben, sondern oft auch solche, die spiegeln sollen, dass bei dem Kind noch etwas hakt und verbessert werden müsste. Nicht immer gibt es ein Gespür dafür, wie leicht diese Rückmeldungen und Wertungen zu Ent-Wertung und Beschämung für Kinder werden können.

Dennis, 12 Jahre alt, kommt auf Wunsch seiner Eltern zur Therapie. Er hat Panikattacken, Blackouts, extreme Redeangst und verweigert teilweise den Schulbesuch. Dennis wirkt sehr freundlich und aufgeschlossen. Er findet es schön, in die Therapie zu kommen, aber er habe davor auch Angst, sagt er. Er wisse ja nicht, was ihn hier erwarte. Die Therapeutin ermuntert ihn, seine Angst als Landschaft zu malen.

Dennis startet sofort, nimmt ein großes Blatt und malt ein Hochhaus, das größer und größer und größer wird. Er muss zwei neue Blätter holen, weil er »anbauen« muss, wie er sagt, damit das Haus so groß werden könne, wie die Angst in ihm wirklich sei.

Er erzählt während des Malens: »Die ist unendlich riesig und groß, die Angst. Ich glaub, ich bin schon mit Angst auf die Welt gekommen, es gibt halt so Menschen, die sind so wie ich, die haben immer Angst. Und dann ging das, glaube ich, noch so mit der Angst, weil ich ja klein war und zu Hause und alle nett zu mir waren. Mama und Papa, die sind total nett zu mir. Aber dann kam ich in die Grundschule, und dann ist das Haus noch größer geworden, so ein richtiger Wolkenkratzer, und auch noch so wilde Tiere drum herum kommen dann. Riesige Dinos, wie in einem Gruselfilm, die sind noch größer als das Haus, und man ist nirgendwo mehr sicher. Ich hatte in der Grundschule einen Lehrer, der hat mich total fertiggemacht. Der war so ein Dino. Ich konnte nicht lesen, also nicht so richtig, ich habe dann gestottert, und dann haben die anderen Kinder angefangen zu lachen, und der Lehrer hat mitgelacht und so was gesagt wie »Der lernt das nie!« oder »Na, Dennis, mach du uns mal vor, wie man es nicht macht, das kannst du ja!«. Das hat sich dann angefühlt wie so ein schwarzes Loch, so als wenn alle Monster über einen laufen und einen fressen, oder man ist in so einem unterirdischen Verlies gefangen.

Ich habe das Mama und Papa erzählt, und die fanden das nicht richtig, was der Lehrer gemacht hat. Die sind dann in die Schule, aber der Lehrer hat das nicht eingesehen. Der hat gesagt, dass meine Eltern mehr mit mir üben müssen und er gar nichts mit mir macht. Da konnten meine Eltern dann auch nicht wirklich was machen Und da ist das immer mehr geworden mit der Angst, sodass ich mich morgens schon übergeben musste. Und dann habe ich mich geweigert, was vorzulesen, aber dann hat der Lehrer mich gezwungen, und dann haben die anderen Kinder schon gelacht, weil ich mich so anstelle.«

Kinder brauchen ehrliche Rückmeldungen, um zu wissen, ob sie etwas schon verstanden haben oder noch Lücken haben. Wenn aus Rückmeldungen jedoch Häme und Bloßstellung werden, führt das beim Opfer dazu, dass jede Möglichkeit blockiert ist, überhaupt noch den Lernstoff aufzunehmen.

Wer vom Lehrer »vorgeführt« wird, verliert jede Lust am Lernen.

Wenn Kinder von der Familie ins Leben gehen, machen sie erste Erfahrungen im sozialen Raum. Diese ersten Erfahrungen sind nachhaltig und prägen, wie Kinder sich fühlen, ob sie neugierig auf die Welt sind, bereit, neue Erfahrungen zu machen und gerne zu lernen. Gerade zu Beginn der Schullaufbahn haben Erlebnisse wie die von Dennis fatale Folgen, sie können übermächtig werden und sogar zu chronischer Schulangst mit völliger Verweigerung führen. »Das schwarze Loch«, das Dennis beschreibt, ist sein Scham-Schutzschild, seine Bewältigungsstrategie, sich solchen kränkenden Erfahrungen nicht mehr aussetzen zu müssen. Kinder wie Dennis brauchen Eltern, die sie verstehen und trösten und mutig mit dem Kind gemeinsam das Gespräch mit Lehrern suchen oder, falls dies erfolglos bleibt, sich an die Schulleitung wenden. Manchmal ist auch ein Wechsel der Klasse oder sogar der Schule die einzige Möglichkeit, solchen Erfahrungen ein Ende zu setzen.

Eltern-Angst – »Meine Mutter ist voller Angst um mich und meine Schwester.«

Auch Eltern leiden unter Ängsten. Angst ist jedoch auch hier kein akzeptiertes Gefühl, es wird vom Erwachsenen gern vergessen oder zumindest verschwiegen. Es braucht Mut, damit Erwachsene eigenen Ängsten in die Augen sehen können, gerade wenn diese aus sehr belastenden Erfahrungen entstanden sind. Wenn Eltern bereit sind, sich eigenen Ängsten zu stellen, ist das ein wesentlicher Schritt, kindliche Ängste zu reduzieren.

Für manche Eltern, die in unsere Praxen kommen, war ihre Schule ein Ort der Angst. Viele haben ungute Erfahrungen während ihrer eigenen Schulzeit gemacht, die wieder wach werden, wenn die Schulzeit der Kinder beginnt.

Frau K. kommt zur Beratung, weil sie Probleme mit ihrer Tochter habe. »Annika macht schon immer Probleme. Also, ich liebe sie sehr, sie ist mein Ein und Alles und auch mein erstes und einziges Kind, dann ist man ja so verrückt und will alles für das Kind tun und gut machen. Aber jetzt haben mir die Erzieherinnen im Kindergarten gesagt, dass Annika sehr unruhig ist, und jetzt kann ich manchmal nachts nicht mehr schlafen, weil ich solche Sorge habe, dass Annika die Schule nicht schaffen wird. Wenn sie dann noch so eine große Klappe hat und sagt, was sie denkt, das wird was geben mit den Lehrern, und wenn sie dann die Leistungen nicht bringt, dann machen sie sie fertig, sie wird ausgelacht.« Frau K. wird nicht müde, die bevorstehenden Schulerlebnisse ihrer Tochter auszumalen.

Die Therapeutin fragt nach, wie es Frau K. selbst in ihrer Schulzeit erging. »Oh, fragen Sie das bloß nicht. Es war furchtbar. Ich

Wenn Eltern bereit sind, sich ihren eigenen (Schul-)Ängsten zu stellen, ist das ein wesentlicher Schritt, kindliche Ängste zu reduzieren.

war schon in der Grundschule sehr groß und kräftig und hatte eine große Klappe, die den Lehrern gar nicht gefallen hat. Und dann konnte ich schlecht schreiben und dann haben die Lehrer mich damit fertiggemacht und die anderen Kinder mich gehänselt.« Frau K stockt. *»Ach, du lieber Gott, ich hatte an meine Schulzeit gar nicht mehr gedacht, und jetzt denke ich, dass es Annika genau wie mir ergehen wird.«*

So wie Frau K. ergeht es vielen Eltern. Die eigenen schlechten Schulerfahrungen haben Spuren hinterlassen, sind aber nicht mehr als Problem bewusst. Eigentlich spielen sie, so denken die Eltern, keine Rolle mehr. In dem Moment jedoch, wo die eigenen Kinder in die Schule kommen, werden die eigenen Erfahrungen von früher wieder aktuell. Leicht werden dann die eigenen unguten Erfahrungen auf die Kinder übertragen: Es werden Ängste erzeugt, Beunruhigung geschürt, auch wenn noch gar kein realer Anlass dazu besteht. Frau K. sucht selbst Hilfe und macht damit einen ersten wichtigen Schritt, Schulprobleme ihrer Tochter Annika zu vermeiden.

Häufig reden Eltern über die eigenen Ängste wenig, um ihre Kinder nicht zu belasten oder weil ihnen Erfahrungen ungeeignet oder zu schmerzhaft für Kinderohren erscheinen. Damit erreichen sie aber genau das Gegenteil: Gerade das, was verschwiegen« wird, kann unbewusst delegiert werden, weil die Kinder Vorbehalte und Ängste der Erwachsenen spüren.

Ines, 13 Jahre, hat sich zur schulischen Beratung angemeldet, da sie nicht mehr mit ihren Ängsten zurechtkomme. Ines hat kaum die Tür geöffnet, da sprudelt sie schon los:

»Das ist ganz schlimm mit mir, ich komme einfach nicht mehr klar. Ich habe ständig Angst, und die Angst wird immer mehr. Ich

habe Angst, dass ich von jemandem entführt oder vergewaltigt werden könnte. Deshalb traue ich mich gar nicht mehr auf den Weg zur Schule.«

Ines ist kaum drei Minuten im Raum, und es fühlt sich an, als wäre er bis zur Decke mit Panik angefüllt – die Therapeutin spürt in ihrer Resonanz eine große Hilflosigkeit. Sie äußert dies und fragt nach, wann diese Ängste anfingen.

»Das weiß ich eigentlich ziemlich genau. Die Angst fing an, als mir meine ältere Schwester erzählt hat, dass meine Mutter als 13-Jährige was ganz Schlimmes erlebt hat, also, die wurde von einem Mann damals ...« Ines ringt sichtlich um Fassung und Worte, »also, Sie wissen schon, der hat halt so Sachen mit ihr gemacht, meine Schwester hat gesagt, vergewaltigt.« Mehr wisse Ines nicht, auch nicht, wer dieser Mann war und ob er bestraft oder gefasst wurde – ihre Angst wirkt unbeschreiblich und übermächtig, verständlicherweise.

Immer wieder erleben wir in unserer Praxis, dass sich schlimme Erfahrungen der Eltern dann negativ auf ihre Kinder auswirken, wenn die Erwachsenen sich weder Hilfe holen konnten noch eine Form gefunden haben, wie sie mit diesen oft traumatischen Ereignissen angemessen umgehen sollen. Dann werden sie zum Geheimnis, das indirekt, aber wirkungsvoll die Familienatmosphäre bestimmt und oft in diffuse Ängste bei Kindern mündet.

Die Mutter will Ines verständlicherweise nicht mit ihren schrecklichen Erfahrungen konfrontieren, sie erzählt ihr nicht von ihrem Erlebnis (aber Ines' ältere Schwester vertraut sie sich an, die sich in ihrer Überforderung wieder an Ines wendet). Die Folge des Unausgesprochenen zwischen Mutter und Tochter ist panische Angst, mit der verständlichen Sorge, sogar »verrückt« zu werden. Dann wird es wichtig, der übergroßen Angst zunächst Raum und Rahmen zu geben, wie es die Therapeutin nachfolgend Ines anbietet.

Ängste der Eltern können beim Kind diffuse Schuldgefühle hervorrufen.

Die Therapeutin bittet Ines in einer ihrer Sitzungen, ein Rahmenbild zu gestalten. In den äußeren Rahmen schreibt Ines Dinge, die ihr gegen die Angst helfen: Singen, Musikhören, Reden und Malen. Nun schaut sie auf ihre Angst, die sie in den Rahmen hineingestaltet. Viel Schwarzes und Rotes malt sie großflächig in die Mitte. »Meine Mutter hat mir Fotos von vergewaltigten Kindern im Internet gezeigt, die von Männern entführt und misshandelt worden sind, damit ich aufpasse, dass mir so was nicht passiert. Meine Mutter ist voller Angst um mich und meine Schwester.«

Ines malt weiter. »Ich habe auch Angst, dass irgendwer aus der Verwandtschaft stirbt. Meine Oma (sie malt einen Kreis in den Angstraum) und mein Opa und meine Tante. Ich hab Angst, dass ich mich nicht genug um die gekümmert habe und die dann sterben und ich schuld bin.«

»Ich sehe wenig Verbindungen und viel Leere in der Angst!«, äußert die Therapeutin. »Ja, das ist ja auch so, also, wir haben ja keinen Kontakt mehr zu unseren Verwandten, warum, weiß ich nicht, und Freunde habe ich auch nicht so viele. Also, ich habe auch keinen, mit dem ich über Angst reden kann. Meine Mama sagt dann, dass ich mal aufpassen muss, dass ich nicht verrückt werde, wenn ich so viel Angst habe, und die wird auch so traurig, wenn ich darüber rede, das will ich nicht. Und in der Klasse wird man geärgert, wenn man Angst hat. Besonders die Jungen in meiner Klasse sind doof. Die reden schlecht über einen, wenn man Probleme hat.«

»In der Klasse wird man geärgert, wenn man Angst hat.«

Auf die Nachfrage der Therapeutin fallen Ines zwei Mädchen aus der Klasse ein, mit denen sie über ihre Probleme reden kann, ohne ausgelacht zu werden. Sie gestaltet die Verbindung zu diesen beiden Mädchen als farbige Verbindungslinien in den Rahmen. »Reden über Angst hilft«, sagt Ines nun, »so wie hier jetzt. Ich fühle mich jetzt besser, weil ich sehe, dass ich doch Menschen um mich habe, die mich verstehen, und ich sehe, was ich tun kann: die als Freunde suchen und nicht den Falschen hinterherrennen.«

Reden über Angst hilft.

Ines selbst beschreibt Verbindungen und Freundinnen als hilfreiche Begrenzung ihrer großen Angst. Sie fühlt sich diffus »schuldig«, ein Gefühl, dem wir häufig im Umfeld von Traumatisierungen begegnen und das neuerlich zu Angst führt. Sie zeigt aber auch, wie heilsam ein soziales Netz, wie heilsam das Teilen der Angst sein kann. »Reden über Angst hilft!«, resümiert Ines weise. Vor allem jedoch braucht die Mutter Hilfe, damit sie ihre Angst nicht ungewollt an ihre Töchter weitergibt.

Hilflosigkeit – »… und wenn Oma stirbt?!«

Kinder wissen sich oft nicht zu helfen. Über ihre Hilflosigkeit reden sie allerdings nur ungern. Hilflosigkeit signalisiert, dass Hilfe notwendig ist, und sie führt zu dem Bedürfnis, Hilfe zu suchen. Es gibt viele Kinder, die vielleicht nie gelernt haben, um Hilfe zu rufen.

Meistens hatten sie dafür keine Vorbilder, weil ihre Eltern oder die Erwachsenen, mit denen sie leben und zu tun haben, immer nur stark sind und nie selbst ihre Hilfsbedürftigkeit und Hilflosigkeit zeigen. In diesen Kindern setzt sich das Gefühl von Hilflosigkeit dann fest und wandelt sich in Angst um. Hilflosigkeit ohne Unterstützung wird zu Druck, Druck wird zu Angst. Zu der Angst, zu versagen, zu der Angst, nicht richtig zu sein, zu der Angst vor drohenden Katastrophen.

Manchmal bezieht sich die Hilflosigkeit auf relativ harmlose Bereiche, z. B. darauf, dass viele Kinder nicht wissen, wie sie am besten lernen können.

In der Grundschule ist Achim immer gut mitgekommen und hatte gute Noten. Doch auf dem Gymnasium ist es aus damit. Vor allem im Sprachunterricht meint er zu versagen. Die Eltern lernen mit ihm, er paukt jeden Tag Vokabeln, doch sie bleiben einfach nicht in seinem Kopf hängen. Erst als ein Beratungslehrer ihn beiseitenimmt und sich erkundigt, wie er denn lerne, beichtet ihm Achim, dass er gar nicht wisse, wie man Vokabeln lerne. Wenn zehn Vokabeln auf der Seite seines Heftes stehen, links deutsch, rechts englisch, dann versucht er alle zehn gleichzeitig zu behalten, die ganze Seite auswendig zu lernen, so wie er es früher einmal bei einem Gedicht geübt hat, das er in der Grundschule vortragen sollte. Der Lehrer ist überrascht und erklärt ihm, wie man richtig Vokabeln lernt.

Achim ist der Stoff in der Grundschule immer so leicht gefallen, dass er nie lernen musste, wie man lernt. Dadurch türmen sich nun Berge von Schwierigkeiten vor ihm auf, die so groß sind, dass er Angst vor der Schule, vor allem vor dem Englischunterricht hat und an den Abenden vor dem Englischunterricht vor Angst nicht einschlafen kann.

Dass Kinder lernen müssen, wie lernen geht, wird oft übersehen, Lerntechniken werden häufig als selbstverständlich vorausgesetzt. Ein Irrtum, der zu Hilflosigkeit und schließlich zu Ängsten führen kann.

Hilflosigkeit kann aber auch noch aus vielen anderen Zusammenhängen entstehen und gespeist werden, die nicht so leicht zu beheben sind.

Hilflosigkeit kann dadurch entstehen, dass ein Kind keine vernünftige Lernstrategie kennt. Danach folgt Angst vor weiteren Aufgaben.

Chantal verstummt immer mehr in der Schule. Sie meldet sich nicht mehr und wirkt traurig und zurückgezogen. Auf Nachfragen antwortet sie nicht, ihr Kontakt zu den anderen Kindern in der Klasse wird spärlicher, sie zieht sich immer mehr zurück. Sie fehlt immer häufiger. Wenn sie dann wieder in die Schule kommt, wirkt sie ängstlich. Den Eltern sagt sie, dass sie Angst vor der Schule habe. Eine Begründung kann sie nicht geben. Als sie auf Empfehlung der Klassenlehrerin therapeutische Hilfe erhält, malt sie ein Bild ihrer Schule: Sie selbst steht einsam am Rand, vor ihr ein großer Kreis, in dem viele Menschen sich mit Lernen, Spielen und anderem beschäftigen. Rechts auf dem Blatt ist noch ein Drittel der Fläche frei. Der Therapeut fragt: »Was gehört dorthin?« Sie malt ihre Mutter und ihren Vater, und immer noch bleibt viel freier Platz.

Als der Therapeut wieder nachhakt, ob es etwas gebe, was dort noch hinsolle, malt sie ein Bett, in dem ihre sterbenskranke Groß-mutter liegt. Ihre Augen füllen sich mit Tränen, und sie erzählt nun, immer schneller bricht es aus ihr hervor, dass ihre Großmut-ter seit einigen Wochen schwer krank sei: »Ich habe die Oma so lieb. Die ist immer so gut zu mir. Und ich denke jeden Tag daran, wie ich ihr helfen kann, dass sie wieder gesund wird.«

Chantal ist so damit beschäftigt, einen Weg aus ihrer Hilflosig-keit gegenüber der Krankheit der Großmutter zu finden, dass für die Schule gar kein Raum mehr bleibt. In der Schule haben ihre Angst um die Oma, ihre Sorge, ihre Hilflosigkeit vor der Krankheit keinen Raum, so scheint es ihr. Deswegen wird ihr die Schule immer fremder und deswegen schlägt ihre Hilflosigkeit in Angst um.

Hier hilft Hilfe gegen die Hilflosigkeit. Kinder neigen dazu, sich bei Krankheiten in ihrem Umfeld und anderen unerklärlichen Ereignissen, von denen sie überwältigt werden, selbst verant-wortlich zu erklären bzw. Wege zu suchen, dafür Verantwortung übernehmen zu können. Sie wollen helfen und dies mit aller Kraft. Das kann überfordern und wie bei Chantal in Hilflosig-keit und Angst münden. Der erste Schritt, Chantal zu helfen, be-steht bei ihr wie bei anderen Kindern mit ähnlichen Symptomen darin, dass sie mit dieser Herausforderung nicht alleingelassen werden, sondern darüber erzählen können.

Das Gespräch in der Therapie, das sich aus dem Malen des Bildes ergeben hatte, war der Auftakt dafür, auch mit anderen Men-schen das Gespräch zu suchen: mit der Klassenlehrerin, mit der Freundin, mit den Eltern … Je mehr Chantal ihre Sorgen und ihre Hilflosigkeit teilen konnte, desto mehr fühlte sie sich aufge-hoben und getragen, desto schwächer wurde die Angst.

Einsamkeit – »Mir fehlt mein bester Kumpel!«

Dass Schulangst zu Rückzug und Alleinsein führen kann, haben wir bei der Beschreibung der Gesichter der Schulangst erwähnt. Einsamkeit kann allerdings selbst auch eine Quelle für Schulangst sein. Wer sich in der Klasse einsam fühlt oder gar durch Mobbing angefeindet wird, geht nicht gern zur Schule und kann starke Ängste vor der Schulsituation und den anderen Kindern entwickeln.

Sven, neun Jahre alt, ist zum zweiten Mal im Beratungsgespräch. Beim ersten Mal erzählte er, dass er nicht gerne in die Schule gehe und viel lieber zu Hause bleiben wolle: »Ich will da nicht hin. Das macht mir Angst!« Gefragt nach den Gründen der Angst, blieb er vage.

Für das zweite Treffen soll er ein Lieblingsspielzeug mitbringen, er hat von Figuren erzählt, mit denen er gerne spiele. Er bringt eine Tüte voller Kampfroboter aus Plastik mit, die er stolz auf dem Tisch platziert. Zu jedem Roboter gibt er einen Kommentar, es gibt »gute« und »böse«.

Einsamkeit

»Ich trau mich nicht, jemanden zu fragen, ob er mit mir spielen möchte. Seit mein Freund weggezogen ist, habe ich keine Lust mehr, in die Schule zu gehen.«

*»Wer ist deine Lieblingsfigur oder welcher Kampfroboter wür-
dest du selbst gerne sein?« »Der hier!« Er stellt einen Roboter auf
die eine Seite des Tisches und einen zweiten neben ihn. »Das ist
der beste Kumpel.« Die anderen Roboter werden auf die andere
Seite des Tisches gestellt. »Das sind die Feinde, das sind die Bösen, das sind die Grauen.« Die Grauen gegen zwei Gute, so ist das
Szenario.*

*»Wer ist denn in der Schule dein Kumpel?« Diese Frage trifft Sven
ins Mark. Er erstarrt, atmet kaum noch, seine Augen füllen sich
mit Tränen, und er kann zuerst nicht sprechen. Schließlich sagt
er: »Das ist Tim, aber der ist nicht mehr da.« Es stellt sich heraus,
dass Tim vor einem halben Jahr wegen eines Umzugs der Eltern
die Schule verlassen hat, sehr plötzlich, und Sven seitdem seinen
besten Freund vermisst. Er steht nun allein gegen die »Grauen«, er
fühlt sich unterlegen und schwach, den »Bösen« ausgeliefert. Das
macht verständlicherweise Angst.*

*Seine Angst entsprang der Einsamkeit und war ein Zeichen dafür,
ein Hinweis, dass ihm ein Freund, ein Kamerad fehlte.*

Wenn Kinder wie Sven über ihre Einsamkeit reden können, ist
dies zumeist schon der erste Schritt der Veränderung. Sie können mit anderen gemeinsam um den Verlust des Freundes trauern und bauen für ihr Einsamkeitsgefühl eine Brücke zu anderen Menschen. Manchmal entstehen daraus schon Ideen und
Impulse, wie nach neuen Freunden gesucht werden kann, oft
braucht dies allerdings Zeit.

Manchmal finden Kinder niemanden in der Schulklasse oder in
der Schule, der die Lücke füllen kann, dann braucht es dazu Ge-
legenheiten in der Nachbarschaft, im Sportverein oder in anderen Gruppen.

Bei Schulangst, die der Einsamkeit entspringt, muss die Hilfe damit beginnen, dass das Kind darin bestätigt wird, dass der Verlust eines Freundes schmerzlich ist und traurig. Die Hilfe sollte dann mit dem Kind gemeinsam nach Wegen aus der Einsamkeit suchen. Der Schulangst wird dadurch der Boden entzogen.

Konkrete Ängste – »Ich habe vor allem Angst!«

Die bislang beschriebenen Quellen der Angst bezogen sich eher auf diffuse Ängste, die sich nicht genau benennen ließen oder greifbar waren. Schulangst kann aber auch Ausdruck konkreter Ängste vor Ereignissen in der Schule sein, wie das folgende Beispiel zeigt:

Aaron, 12 Jahre, wird auf Empfehlung seines Klassenlehrers zur Therapie geschickt, weil er fast jeden zweiten Tag wegen Bauchschmerzen oder anderer Beschwerden vom Unterricht vorzeitig abgeholt werden muss. Aaron ist auffallend klein und schmächtig für sein Alter. Er trägt eine Brille, die ihm permanent von der Nase zu rutschen scheint, er zwinkert häufig sehr aufgeregt mit den Augen, wirkt zugleich sehr freundlich und offen.

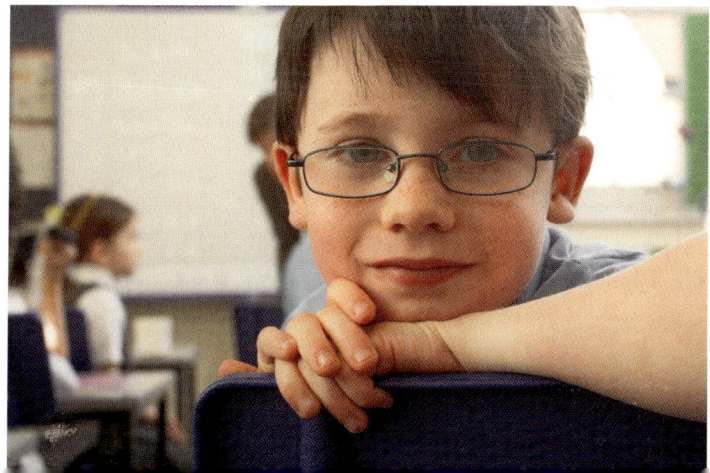

»Können Sie mich nach der Stunde wieder bis in die Klasse bringen?« Aaron ist sehr bleich im Gesicht, und das ist seine erste Äußerung bei unserem Kennenlernen. »Ich habe furchtbare Angst, dass ich die anderen nicht mehr finde, wenn ich jetzt hier im Raum bin. Nachher haben die anderen überraschend die Schule aus, und dann weiß ich gar nicht, wo die sind. Dann werde ich total panisch, weil ich ja dann nicht weiß, ob die mich dann auch finden, meine Eltern. Das ist ganz schlimm für mich. Man weiß ja nie, ob mein Vater am richtigen Ausgang steht und das mitbekommt, wo ich bin. Oder, wenn irgendwas passiert, dann findet der das nicht.« Aaron wirkt, als sei er in höchster Not. Ich versichere ihm, dass ich ihm helfen werde. Aaron wird ein bisschen ruhiger.

»So ist das jeden Tag, ich will schon morgens nicht hier in die Schule. Das ist mir auch viel zu laut in der Klasse, die schreien immer alle so, die Kinder und die Lehrer, und Ohren zuhalten darf man nicht, und dann wird das immer mehr und mehr, und dann könnte ich schon aus der Klasse laufen, aber ich muss ja sitzen bleiben und dann wird mir meistens schlecht. Weil ich ja dann auch denke, dass ich nicht weiß, ob die es auch schaffen, mich wieder abzuholen. Ich will einfach morgens nicht hierhin. Mein Vater muss mich immer bis ans Tor bringen, und langsam wird der auch sauer deswegen. Weil, der muss ja arbeiten, und meine Mama ist auch sauer – die wollen, dass ich hier hingehe, ohne Theater. ›Mal einen Morgen ohne diesen Zirkus, Aaron, bitte!‹, sagt Mama. Ich möchte meinen Eltern gern die Freude machen, aber ich schaffe das einfach nicht. Mir ist schlecht, und mein Herz rast, und ich habe dann die Hände so nass, und am Wochenende wird mir schon ganz schlecht, wenn ich nur denke, dass es so schnell wieder Montag wird. Meine Noten sind eigentlich ganz okay, meine Eltern sagen, ich darf nur nicht schlechter als Drei werden.

»Ich weiß ja nicht, ob mein Vater weiß, wo ich gerade bin.«

Die Angst habe ich, glaube ich, schon immer. Ich bin schon so auf die Welt gekommen. Meine Mama wollte unbedingt ein Baby, die hatten ganz lange auf mich gewartet, und dann mache ich nur Ärger – auch doof für meine Eltern. Ich liege nachts schon immer wach, und dann nehme ich mir vor: Aaron, heute machst du keinen Zirkus! Aber dann wird mir schon schlecht, wenn ich zum Auto muss. Ich kann auch nichts essen morgens. Mama hat jetzt Tabletten beim Arzt besorgt, weil das so nicht mit mir geht. Ich merke aber noch nicht, dass das was nützt mit den Tabletten, ich habe weiter Angst, und ich meine, davon wird mir noch mehr schlecht.

Ich habe vor allem Angst, also, ich meine in der Schule, zu Hause nicht, aber hier, dass die mich verprügeln könnten und dann keiner schnell genug helfen kann. Die Großen sind ganz schön stark, und wenn die Langeweile haben oder schlechte Laune: Die suchen sich manchmal einfach einen Kleinen, mit dem die was Spaß machen. In der Grundschule haben die mich mal in die Mülltonnen gesteckt, und ich kam da nicht raus, und ich habe auch nicht geschrien, weil die gesagt haben, wenn du uns verpetzt, dann machen wir dich fertig. Und wehe, du sagst das deiner Mama und so. Ich habe das noch nicht zu Hause erzählt, weil Papa findet, ich muss mich mal wehren und nicht so eine Mimi sein, und da habe ich das ja auch wieder nicht geschafft.

Ich hoffe, dass die mich auch finden heute, meine Eltern.« Aaron schaut beunruhigt zur Tür.

Kinder mit solchen konkreten Ängsten brauchen Hilfestellung unter zwei Aspekten: Zum einen müssen die Täter oder potenziellen Täter als solche identifiziert und vor dem Ausüben weiterer Gewalttaten oder Gewaltandrohungen gewarnt werden; dazu gehört es unbedingt, jede Form von Gewalt auch als solche zu werten, wahrzunehmen und nicht einfach kleinzureden. Zum anderen sollte sich die Schulkultur an jeder Schule es sich zum Prinzip machen, Solidarität zur Verhinderung von Gewalt zu organisieren, und zwar unter der Maxime: Wir passen aufeinander auf, Lehrer und Lehrerinnen, Schüler und Schülerinnen.

Die größte Schwierigkeit besteht darin, dass Kinder mit solch realen Bedrohungserfahrungen den Mut und das Vertrauen finden, ihre konkreten Ängste anderen mitzuteilen. Oft verhindern das – wie bei Aaron – Sätze wie: »Wenn du etwas erzählst, dann …« Und diese Drohungen funktionieren. Damit ihre Wirkung abgeschwächt wird, bedarf es einer Atmosphäre der Vertrautheit in einer Klasse bzw. in einer Familie. Es sollte vorsorglich darüber gesprochen werden, wie Kinder mit solchen Situationen umgehen können, in Rollenspielen können sie proben, wie sie sich im Ernstfall womöglich der Bedrohung entziehen. Und es sollte den Kindern unbedingt Vertraulichkeit zugesichert werden, wenn sie diese brauchen.

Aarons Geschichte ist ein Beispiel dafür, dass es häufig nicht nur eine Quelle der Angst gibt. Aaron erzählt weiter:

»Wenn die nämlich nicht mitkriegen, dass vielleicht eine Stunde ausfällt, dann finden wir uns nicht, und dann muss ich ganz allein durch die Schule laufen. Das ist ganz schlimm. Dann denke ich, ich falle um. Ich wein dann immer, und dann ist der Papa sauer, wenn der mich findet und ich schon wieder so heule. Der möchte auch nicht so einen heulenden Sohn.

Meine Eltern haben mich eigentlich immer abgeholt und gefunden bis jetzt, nur einmal nicht … stimmt, da kam keiner, und ich habe ganz lange auf der Straße gestanden, und dann kam mein Papa und weinte. Da hat Papa geweint und gesagt: ›Opa ist tot!‹

Der war also nicht gekommen, weil Opa tot war. Das war so ein richtiger Schock! Mein Opa war fast wichtiger als Papa, also, den habe ich auch lieb, aber Opa! Ob ich deswegen manchmal so Angst habe? Kann ja eigentlich nicht sein, denn ist ja schon zwei Jahre her, der Schock mit Opa.«

Aaron irrt, wenn er denkt, dass seine Angst mit dem Erlebnis beim Tod seines Opas nichts zu tun haben kann, weil das ja schon zwei Jahre her sei. Solche Erfahrungen verknüpfen verschiedene Elemente des Erlebens – hier »allein sein«, »weinen«, »traurig sein« – und können lange Zeit nachwirken. Zusammen mit den konkreten Ängsten vor Gewalt ergibt sich eine Mischung, die Aaron besonders belastet und ebenso seine Familie.

Nahezu typisch für solche Fälle ist, dass Aaron die Geschichte mit dem Tod seines Opas einfällt, nachdem er für seine konkreten Ängste ein offenes und verständnisvolles Ohr gefunden hat. Gehör zu finden und Verständnis – das ist der Schlüssel zu Hilfe und Veränderung.

Trauer – »Mein Vater fehlt mir so!«

Angst kann in andere Gefühle und damit verbundenes anderes Verhalten »umgetauscht« werden, z. B. in Zorn und Gewalttätigkeit. Angst kann selber aber auch als Ergebnis einer emotionalen Umtauschaktion auftreten. Ein Gefühl, das sich häufig hinter der Angst verbirgt, ist die Trauer.

Lucia, zwölf Jahre, hat mehrere Wochen lang die Schule geschwänzt. Sie ist morgens vom Elternhaus losgegangen und hat sich dann in Parks und Geschäften aufgehalten, um mittags wieder nach Hause zu kommen, als sei sie in der Schule gewesen. Als

Oft verbirgt sich Trauer hinter der Angst.

dies auffliegt, weigert sie sich mit allen erdenklichen Mitteln, in die Schule zu gehen.

In der Therapie malt sie gerne, oft ein Bild nach dem anderen, ohne Fragen zu den Bildern zu beantworten. Einmal schlägt ihr der Therapeut vor, mit flüssigen Farben auf ein riesengroßes Blatt Papier zu klecksen. Sie probiert das aus, und es entsteht ein äußerst farbenfrohes Bild, sehr lebendig, sehr dynamisch, sehr froh. Als sie es danach betrachtet, sagt sie plötzlich: »Das halte ich nicht aus.« Sie nimmt eine Schere und schneidet aus dem Bild in der Mitte einen großen Kreis heraus. Das kreisförmige Papierstück zerknüllt sie und wirft es in den Papierkorb. Dabei füllen sich ihre Augen mit Tränen. Der Therapeut fragt: »Was fehlt dir?«

Die Antwort kommt prompt: »Mein Vater!« Und nach einiger Zeit des Schweigens fährt sie fort: »Mein Vater ist weg. Auf einmal. Ich weiß nicht, wohin. Die haben sich ja schon oft gestritten, mein Vater und meine Mutter, und meine Mutter hat viel geweint. Und jetzt ist der weg, und meine Mutter ist traurig und weint ständig. Das ist gar nicht mehr auszuhalten, und ich muss auf meine Schwester aufpassen, und meine Mutter schimpft auf meinen Vater, und ich muss auch auf meine Mutter aufpassen, damit die ab und zu mal was isst ...«

»Und dir fehlt dein Vater, nicht wahr?« Sie weint bitterlich: »Ja, der fehlt mir. Der hat immer so schön gespielt und so viel mit mir gesungen.« Sie weint die Tränen, für die zu Hause kein Platz ist.

Nimmt die Trauer bei Kindern wie Lucia zu viel Platz ein, dann wird alles andere eine Überforderung und kann Angst hervorrufen. Findet die Trauer keinen Platz, wie Lucias Verlustschmerz keinen Platz in ihrer Familie fand, so wird sie manchmal in Angst »umgetauscht«. Lucia übernahm Verantwortung für Schwester und Mutter und war dadurch überfordert, sie fand keinen Halt für ihre eigene Traurigkeit. In manchen Familien ist Traurigsein unausgesprochen oder tatsächlich verboten, oder es gibt keine Kultur gemeinsamen Trauerns. »Indianer kennen keinen Schmerz und Kinder keine Tränen«, so das Motto. Die Unfähigkeit von Mutter oder Vater, zu trauern, soll zur Norm für die Kinder werden, die nicht wissen, wohin mit ihrer Traurigkeit, und diese in Angst umtauschen.

Was hilft, ist die Erlaubnis, zu trauern, doch das reicht nicht. Traurigkeit braucht Halt und braucht Gemeinsamkeit. Wer traurig ist, braucht Menschen, die ihm seine Traurigkeit lassen, aber auch Menschen, die mittrauern und ihm Halt geben.

Schlimmes – »Ich bin schon mit Angst auf die Welt gekommen!«

Manchmal gibt es Erlebnisse im Leben von Kindern, die große Folgen haben, große Gefühle hervorrufen, ohne dass sich die Kinder an das spezielle Ereignis, das diese Gefühle ausgelöst hat, wirklich erinnern könnten. Dann bahnt sich diffuse Angst einen Weg, Spuren etwa zu traumatischen Erlebnissen, die die Kinder bis in die aktuelle Zeit prägen.

Kevin ist zwölf Jahre alt. Er wird als sehr ruhiger Schüler beschrieben, der seit einigen Monaten sehr hohe, von seiner Mutter entschuldigte Fehlzeiten habe. Seine Lehrerin hat den Eindruck, dass etwas mit ihm nicht stimmt, doch sei er völlig unerreichbar. In der schulischen Therapie macht Kevin Musik, wild und unruhig, und wird plötzlich bleich. »So war das, als mein Bruder seinen Erstickungsanfall hatte. Der wäre fast gestorben, und dann hat die Mama auf ihn eingeschlagen und immer ›Marc, Marc!‹ geschrien, und dann ist auch der Rettungswagen gekommen und Mama mit Marc ins Krankenhaus, und ich war ganz alleine …«

Kevins deutlich jüngerer Bruder Marc hat zwar überlebt, aber Kevin ist seitdem in sehr großer Sorge: um seinen Bruder und auch um seine alleinerziehende Mutter. Mutter und Sohn haben Marcs Anfall traumatisch erlebt, aber nie mehr darüber gesprochen. Zu groß war der Schrecken. Kevin will nun mit der Mutter gemeinsam auf den Bruder aufpassen, ihr ein wenig von dieser übergroßen Last nehmen. Eine existenzielle Erfahrung, die den Boden für Kevins Schulangst darstellt.

Auch traumatische Erfahrungen in frühester Kindheit können zu Schulangst führen.

Ebenso existenziell und bis ins Schulalter hinein belastend können existenzielle Erfahrungen mit Krankheit, Klinikaufenthalten und bei der Geburt sein. Geburtstraumata zeigten sich häufig als Quelle tiefer Beunruhigung, Auslöser schubweiser Panikat-tacken bis hin zu chronischer Angst, die oftmals gerade Mütter mit ihren Kindern stark in Angst verbindet.

David, 13 Jahre alt, kommt mit seiner Mutter zur Beratung. David erzählt, dass er schon immer Angst habe, »so bin ich schon auf die Welt gekommen!«, sagt er lachend. Die Therapeutin fragt Davids Mutter, wie denn der Anfang von Davids Leben, also seine Geburt verlaufen sei.

Davids Mutter beginnt, sehr zu weinen: »David war schon bei sei-ner Geburt in Lebensnot. Er hatte die Nabelschnur mehrfach um den Hals und hätte fast nicht überlebt. Er musste viele Wochen alleine in die Klinik und hat da viel durchgemacht. Ich bin immer in großer Sorge um ihn.«

Wenn der Start ins Leben existenziell bedrohlich verläuft und zu einer Frage von Leben und Tod wird, dann hinterlässt das Spu-ren bei Eltern und ihren Kindern. Wenn sich zudem Klinikauf-enthalte anschließen, in denen Kinder in den ersten Lebenswo-chen Trennungen von den Eltern erleben mussten und die ersten anderen Menschen ihnen sofort mit Spritzen und Apparaten zu Leibe rücken müssen, kann das Folgen haben. Es ist dann not-wendig, therapeutische Hilfe aufzusuchen, die sich mit dieser frühen Angst professionell beschäftigt.

Kinder, die solche frühen Traumatisierungen erfahren haben, brauchen nach unseren Erfahrungen vor allem Schutz und Ruhe. Sie brauchen sichere Plätze in ihren Klassen und sichere Verbin-dungen, oftmals besonders lange intensiven Körperkontakt mit ihren Eltern, um fehlende Erfahrungen aus frühen Zeiten nach-zuholen. Sie brauchen Lehrer ihres Vertrauens, die ihnen Zeit las-sen für ihre persönliche »Nach-Reifung« und Stabilisierung.

Beziehungsprobleme – »Knick den Tag, it's Boller-Time!«

Für die meisten Kinder sind ihre Freunde und Freundinnen unglaublich wichtig. Wenn hier Probleme auftreten, sie von vornherein keinen Freund finden oder sich etwa die beste Freundin jemand anderem zuwendet, dann können Kinder in der Folge mit Schulangst reagieren.

Laura, 14 Jahre, forscht danach, seit wann sie nicht mehr gerne in die Schule geht, nicht mehr lernt. Ihr schießen sofort Tränen in die Augen, als ihr einfällt, dass sie sich auf der letzten Klassenfahrt mit ihren beiden besten Freundinnen überworfen hat. Sie erzählt: »Wir waren in einem Zimmer untergebracht, und irgendwie habe ich die anderen wohl genervt. Dann fingen sie an, über mich zu tuscheln und sind öfter alleine weggegangen. Und nach der Klassenfahrt haben sie dann den Lehrer gefragt, ob sie von mir weggesetzt werden können in der Klasse. Ich habe den Eindruck, dass die bei den anderen auch schlecht über mich geredet haben. Jetzt bin ich in der Pause oft alleine. Ich weiß manchmal gar nicht, wie ich den Tag rumkriegen soll.«

Ebenso wie die Beziehungen zu Mitschülern und Lehrern das Wohlbefinden der Kinder beeinflussen, spielen auch die familiären Beziehungen eine große Rolle im Erleben und für den Gemütszustand von Kindern.

Auch die Beziehung der Geschwister untereinander sowie ihre von den Eltern zugeschriebenen Rollen können Einfluss auf die Schullaufbahn nehmen. Wer zu Hause als der »Dumme« gilt, tut sich sicher schwer, in der Schule seine gewohnte familiäre Rollenzuschreibung zu verlassen. Dann werden oftmals Großeltern und Freunde besonders wichtig.

Marcel macht einen freundlichen Eindruck. Die Eltern haben ihn zur Therapie angemeldet, weil sie nicht verstehen, warum er seit einigen Wochen nicht mehr in die Schule möchte, gilt er doch als ausgesprochen sozial und kooperativ. Marcel stellt mit Tieren die Menschen nach, die ihm wichtig sind. Als Erstes wählt er eine Figur für seine Oma und seinen Opa. »Die sind ganz wichtig für mich. Ich bin das erste Enkelkind für die beiden, und die mögen mich total, ich glaube, die mögen mich sogar echt mehr als meine beiden Brüder.«

Seine Augen füllen sich mit Tränen. »Aber ich darf die seit ein paar Monaten nicht mehr sehen, nicht besuchen, gar nichts.« Er weint sehr. »Damit geht die Welt unter, dann ist es nicht mehr schön, gar nicht. Meine Eltern finden, dass mich Oma und Opa vorziehen und mich verwöhnen, und das wollen sie nicht.«

Manche Eltern denken sich nichts dabei, wenn sie in wichtige Beziehungen des Kindes, etwa zu Verwandten, eingreifen und welche weitreichenden Folgen das haben kann. Im Falle von Marcel brauchten die Eltern den Hinweis der Therapeutin, um ihr Kontaktverbot gegenüber den Großeltern zu lockern. Marcel hatte seine Not mit keinem Wort ihnen gegenüber erwähnt, da er »keinen Ärger« machen wollte.

Besondere Bedeutung hat für Kinder natürlich die Beziehung zu den Eltern. Wenn die sich manchmal streiten, so ist das normal. Wenn Konflikte aber so eskalieren, dass die elterliche Beziehung auf dem Spiel steht, wenn es um das Weiterbestehen der Ehe geht, wenn täglich Streit und Aggression den Familienalltag bestimmen, dann macht das Kinder ängstlich und hilflos, weil sie in ihrer Scham zugleich nicht über das zu Hause Erlebte sprechen mögen. Oftmals sind die eigentlichen Gründe für das an den Tag gelegte Verhalten dann nur schwer aufzudecken.

Wer familiäre Konflikte erlebt, verlagert zuweilen seine ohnmächtige Wut auf andere Personen.

Nadja, 16 Jahre, kommt wegen Schulverweigerung auf Anraten ihres Lehrers (von ihr mit Spitznamen »Boller« belegt) in die Therapie. »Boah, wie ich den hasse! Da spricht der mich gerade auf dem Gang an und fragt, ob ich auch hier in die Therapie gehe. Voll die Kontrolle! Boah, dieser Boller! Das fuckt dermaßen ab, eh, da gehst du so rum, und dann kommt der! Mein ganzes Leben könnte so schön sein, wenn Boller nicht wär. Du stehst morgens auf, und dann weißt du schon: ›Knick den Tag, it's Boller-Time!‹ Der soll mich einfach in Ruhe lassen. Was geht den das an, ob ich lerne oder nicht, ob ich Therapie mach oder nicht? Der soll sich um seinen eigenen Scheiß kümmern. Sie wissen ja nicht, wie der guckt, so scheiße! So voll auf Aggro, und dann schreie ich den manchmal auch richtig an. So: Lassen Sie mich in Ruhe! Dann kriege ich Ärger! Und vorgestern bin ich aus der Klasse abgehauen, einfach weg. Wenn der mich da anmotzt, weil ich die Hausaufgaben nicht hab, kann der mich mal. Das geht den nen Dreck an, der soll sich um seinen eigenen Scheiß kümmern. Wie kann so wat Lehrer werden, eh! Boah, eh, und was der immer denkt. Dann fragt der so doof rum, ob auch zu Hause alles in Ordnung ist und so. Na, dem erzähl ich das bestimmt nicht. Wenn der so weitermacht, dann komm ich gar nicht mehr in die Schule. Das ist mir zu ungechilled, da reg ich mich ja nur noch auf!«

Die Therapeutin bittet Nadja, auf einem Instrument zu spielen, wie sie sich an diesem Tag aufgeregt hat, wie der Tag anfing und wie es dann weiterging bis zu ihrem Weglaufen. Nadja nimmt sehr schnell eine Schlitztrommel. »Aber das erzählen Sie nicht Boller, wie scheiße ich den finde und dass ich hier spiele und so?« Die Therapeutin versichert das und hakt nach: »Na, Nadja, wie klingst du nach dem Aufstehen?«

Nadja hämmert unvermutet heftig auf die Schlitztrommel mit beiden Schlegeln, pausenlos: »So, Sie wollten es ja hören, wie es

Mithilfe der Musik lernen Kinder,
Ängste nonverbal mitzuteilen.

bei uns jeden Morgen klingt! Mein Vater ist eifersüchtig, weil meine Mutter die Nacht unterwegs war und schreit sie an und schreit uns an und sie an und uns an und immer so weiter. So geht das seit Monaten, und wenn die so streiten, dann kriege ich echt Schiss, dass die sich trennen oder sich was antun, und das reicht mir langsam. Ich will nicht immer die Angst zu Hause haben.«

Sie klatscht plötzlich auf das Instrument. »Paff, da habe ich die Tür zugeknallt und bin zur Schule gerannt. Ich wollte nichts mehr hören und sehen, nichts mehr fühlen, nur noch meine Freunde sehen und den Scheiß nicht mehr mitkriegen! Und kaum sitze ich auf meinem Platz, kommt Boller, mit dieser lauten Stimme, genau wie mein Vater, und spricht mit dieser Bollerstimme: ›Wo warst du gestern in der 7. Stunde, und wo sind deine Hausaufgaben?‹ Ich hatte voll Angst – da bin ich ausgerastet.«

Nadja fühlt sich der häuslichen Situation mit den Streitereien ihrer Eltern ausgeliefert. Sie fühlt sich ohnmächtig, da sie auf das Geschehen keinen Einfluss nehmen kann, sie hat Angst vor der Trennung der Eltern, sie hat Angst um ihre Eltern, die sie dennoch liebt – sie fürchtet um ihr Zuhause. Nadja reduziert ihre Angst, indem sie ihre Konflikte auf eine andere, weniger nahe Person umleitet. Nun hat die Angst ein Gesicht, einen personifizierten Feind mit Namen »Boller«. Scheinbar wäre Nadjas Leben ganz einfach, wenn es Boller nicht gäbe. Das stimmt zwar nicht, aber Nadja kann sich damit aus dem häuslichen Dilemma retten: An der Person Boller versucht sie, Wut und Zorn auszuleben, Gefühle, die sie in ihrer Familie nicht leben kann. Sie gewinnt so ein klein wenig mehr Macht über ihre Angst. Solange sie jedoch keine Hilfe für die häusliche Situation bekommt und Hilfe auch nicht annehmen kann (Lehrer »Boller« versucht es ja auf seine Weise), wird die Angst und die Schulverweigerung kaum vergehen, stellt sie doch einen maskierten Hilfeschrei dar.

Ursachen für Schulangst sind vielfältig.

Stefan lehnt nach einem Umzug der Familie die neue Schule ab: »Ich will da nicht mehr hin. Die neue Schule ist doof.«

Selbst geschaffene Belastung durch zu viele Termine oder Druck von Eltern und Lehrern führen zu Angst: »Sabine, da musst du durch!«, sagt Papa.

Die Atmosphäre in der Klasse oder auch das Verhalten des Lehrers kann Schüler stark beeinträchtigen: »Mir wird schon übel, wenn ich nur in die Klasse komme.«

Lehrer entwerten oder beschämen ihre Schüler häufig, wenn sie eigentlich nur eine Rückmeldungen über deren Leistung geben sollen: »Der Lehrer hat mitgelacht und gesagt, der lernt das nie!«

Auch Eltern leiden unter Ängsten, reden aber meistens nicht darüber: »Oh, fragen Sie bloß nicht nach meinen Erinnerungen über Schule!«

In der Klasse oder auf dem Schulweg erleben Kinder Mobbing, also konkrete Unterdrückung, Erpressung und körperliche Gewalt: »Und wenn du uns verpetzt, dann machen wir dich fertig.«

Konflikte in der Familie werden oft aggressiv verarbeitet – die Kinder richten dann ihre Wut auf andere, auch wenn die nur helfen wollen: »Das geht den nen Dreck an, der soll sich um seinen eigenen Scheiß kümmern!«

Was hilft

Die folgenden zehn Hinweise zeigen Ihnen, wie Sie Ihre Kinder entlasten und ihre Stärken unterstützen können.

Auch wenn Erwachsene sich noch so sehr bemühen, Lösungen für die Schulangst zu finden – kompetent für sich selbst sind vor allem die Kinder. Eltern stecken ja oft in Vorstellungen darüber fest, wie ihr Kind sein müsste oder wie es sich fühlen müsste. Deshalb fällt es ihnen schwer, zu akzeptieren, dass ihr Kind sich ängstigt. Und deshalb sind ihre Möglichkeiten begrenzt, die Quellen der Belastungen und Ängste herauszufinden.

Am besten können uns die Kinder selbst lehren, was ihnen hilft. So ging es uns auch mit den Kindern in den Therapien: Ihre eigenen Lösungsvorschläge, die sie direkt mitteilten oder in ihrem Spiel und ihren nonverbalen Botschaften zeigten, waren der Leitfaden für die Hilfen, die wir Ihnen im Folgenden beschreiben möchten.

Am besten können uns die Kinder selbst lehren, was hilft.

Wir haben immer wieder beobachtet, dass der wichtigste Schritt dann getan ist, wenn die Schulangst mit anderen Menschen geteilt wird. Das kann über Gespräche laufen – allerdings haben viele Kinder und Jugendliche eher Schwierigkeiten, die Rede selbst auf ihre Probleme zu bringen. Da hilft es schon eher, wenn die Ängste zunächst durch feinfühlige Eltern und Lehrer erspürt werden, die dann ein Gesprächsangebot machen. Ein anderer wirksamer Weg, den wir in unseren kreativtherapeutischen Ansätzen beschreiten, besteht darin, dass die Angst mit Instrumenten erklingen darf, gemalt oder bewegt wird.

Kinder und Jugendliche mit Schulangst brauchen vor allem Resonanz, Ausdruck und Echo. Wenn die Schulangst enttabuisiert wird und damit das Schweigen und Alleinsein enden, ergeben sich oft die darauf folgenden Schritte der Veränderung wie von selbst. Wir werden in diesem Kapitel einige ausgewählte Hilfsmöglichkeiten und Hilfsnotwendigkeiten in zehn Punkten zusammenfassen.

Interesse und Achtsamkeit

Dieser Hinweis klingt banal, hat aber dennoch entscheidende Bedeutung: Wir müssen konkret hinschauen und die Kinder ernst nehmen.

Konkret hinschauen heißt, sich für die Kinder zu interessieren. Nicht nur für ihre Noten, nicht nur für die Hausaufgaben, sondern auch dafür, was sie fühlen und denken, für ihre Stimmungen, für das, was sie beunruhigt und wie sie sich vielleicht in letzter Zeit verändert haben. Konkret hinschauen bedeutet auch, nicht nur auf die Worte der Kinder zu achten, sondern auch darauf, **wie** sie reden, auf ihre Körpersprache, ihren seelischen Zustand.

Ernst nehmen heißt, nicht nur darauf zu vertrauen, dass »sich das schon wieder auswächst«, wie manche Eltern meinen. Wir sollten unseren Kindern zutrauen, dass sie viele ihrer Probleme selber lösen, doch oft genug brauchen sie für deren Bewältigung auch unsere Unterstützung. Spätestens wenn wir Hilflosigkeit und Überforderung spüren, müssen wir Erwachsenen – Lehrer, Eltern, Großeltern – tatkräftig und parteiisch für die Kinder eintreten.

Achten Sie darauf, ob Ihr Kind in letzter Zeit häufig Stimmungsschwankungen unterliegt.

»Es war für mich wichtig, dass meine Lehrer bemerkt haben, dass ich immer stiller und stiller wurde. Sonst wäre das wohl noch Jahre mit mir so weitergegangen und immer schlimmer geworden. Aber so habe ich dann Einzelstunden gehabt, in denen ich immer über die Sachen reden konnte, die ich so schlimm fand in der Klasse, und dann hat es sich nicht mehr so eng in mir angefühlt und das war alles leichter. Und irgendwann war dann auch das Sprechen vor der Klasse nicht mehr schlimm.« Dennis, 8 Jahre

Druck reduzieren

Wir haben bei der Untersuchung der Quellen von Schulangst anhand vieler Beispiele gesehen, welche folgenschweren Auswirkungen Druck auf Kinder und Jugendliche haben kann. Druck erzeugt bei den Betroffenen Hilflosigkeit und Angst, Druck ist eine Einbahnstraße und macht unglücklich. Damit reden wir keiner »Alles-ist-egal«- oder Laisser-faire-Haltung das Wort. Selbstverständlich brauchen Kinder Vorbilder und Vorgaben, Regeln und Begleitung. Selbstverständlich sollen Kinder spüren, dass sowohl die Lehrer als auch die Eltern Interesse an ihrem Schulerfolg haben. Aber genauso selbstverständlich sollte sein, dass das Glück und die Gesundheit der Kinder wichtiger sind als die Frage, ob sie eine Drei oder eine Vier in Mathematik nach Hause bringen. Und für genauso selbstverständlich halten wir es, dass die Kinder ihren eigenen Weg gehen können und nicht dafür herhalten, die unerfüllten Träume der Eltern zu verwirklichen.

Anhand vieler Kinder, die wir über die Jahre therapeutisch begleitet haben, konnten wir feststellen, aus welch unterschiedlichen Quellen Druck entsteht und seine Wirkung entfalten kann. Kinder sind sensibel für Druck, ganz gleich, wo er herkommt. Sie spüren Ängste und Traurigkeit oder auch Enttäuschung der Erwachsenen genau – zumindest derjenigen, die sie gern haben. Deshalb gelingt es Erwachsenen kaum, ihre eigenen Sorgen – etwa um den Erhalt ihres Arbeitsplatzes – oder ihre Ängste – etwa vor der Trennung vom Partner – zu verbergen. Statt zu entlasten, kann das Verschweigen den Druck auf die Kinder noch verstärken, weil sie spüren, dass etwas nicht in Ordnung ist, ohne zu wissen, worin die Sorgen und Nöte der Erwachsenen genau bestehen. Deswegen gilt für schwierige Situationen in der Familie: angemessene Offenheit!

Kinder brauchen Vorgaben, Regeln und Begleitung, aber immer so, dass sie ihren eigenen Weg gehen können.

»Ich glaube, meine Eltern haben nach den Gesprächen gemerkt, dass ich zu sehr unter Druck komme, und irgendwie haben die sich dann verändert. Wir machen jetzt mehr schöne Sachen zusammen, reden oft und lachen auch mehr. Ich fühle mich jetzt besser zu Hause und da wurde das in der Schule auch leichter.«
Elena, 13 Jahre

Lernfreie Zonen schaffen

Um Druck zu vermindern, brauchen Kinder lernfreie Zonen. Seit der PISA-Diskussion neigen viele Eltern und auch etliche Institutionen dazu, Kinder nur noch als kognitiv lernende Wesen zu betrachten. Schon im Kindergarten geht es viel zu häufig vor allem darum, die Kinder möglichst optimal auf Schulbesuch und anschließendes Studium vorzubereiten. Kinder absolvieren ein volles Nachmittagsprogramm mit Ballettstunde, Nachhilfeunterricht, Sporttraining und Informatikkurs.

Schaffen Sie Ihrem Kind lernfreie Zonen, in denen es ungestört spielen und sich entfalten kann. Kinder sind nicht nur Lernmaschinen, sie brauchen Raum und Zeit für Entwicklung, fürs Ausprobieren, für die Entdeckung der Welt. Kinder lernen am meisten über Vorbilder (wenn Eltern Bücher lesen, werden auch Kinder gerne Bücher in die Hand nehmen, wenn Eltern stundenlang im Internet surfen, dann ...), und sie lernen durch Spielen. Im Spiel wird die Welt erschlossen, spielerisch kann ich in Rollen schlüpfen, kann gut und böse sein, schlau und dumm, kann gewinnen und verlieren, kurz: meine Umgebung und mich in ihr ausprobieren.

Schaffen Sie Raum und Zeit, damit sich Ihr Kind ausprobieren und in Ruhe entwickeln kann. Kinder brauchen lernfreie Zonen.

Kinder, die gerne und viel spielen, können auch spielerisch lernen, ja, Spielen ist die ursprüngliche Lernform, die allen Kindern mitgegeben ist. Deswegen brauchen Kinder lernfreie Zonen, in denen sie machen können, was sie wollen, in denen es keinerlei Erwartungen gibt, in denen sie selbst bestimmen, wie sie ihre »Spiel-Räume« nutzen.

»Ich guck nicht mehr so schreckliche Filme und auch nicht mehr so viele Stunden am Tag. Das ging aber erst, als es bei uns zu Hause wieder schöner wurde, wir alle wieder mehr Spaß miteinander hatten, da hatte ich auch wieder Lust, aus meinem Zimmer zu kommen. Wir gucken alle jetzt weniger Fernsehen und spielen mehr zusammen.« Steven, 7 Jahre

Würdigen, was sich hinter der Angst versteckt

Wir haben gesehen, wie wichtig es ist, den Subtext einer Angst verstehen zu lernen, also zu entschlüsseln, was hinter einem Gefühl oder einem Verhalten steckt. Oft verbirgt sich hinter einer Angst ein anderes Gefühl oder wird ein anderes Gefühl in die Angst gleichsam »umgetauscht«. Ist dies der Fall, hat es wenig Wirkung, sich nur mit der Angst zu beschäftigen, denn das zugrunde liegende Gefühl wird die Angst immer wieder neu produzieren. Es ist notwendig, das hinter der Angst stehende Gefühl leben zu lassen, ihm Raum zu geben, es zu identifizieren und zu respektieren. Welche Konsequenzen sich dann für den konkreten Umgang mit dem Gefühl ergeben, hängt davon ab, um welches Gefühl es sich handelt.

Beschämung muss zunächst benannt werden, um dann gemeinsam dagegen anzugehen. Nur wenn Erwachsene – Lehrer wie Eltern – Front machen gegen das Ausgelacht- und Vorgeführtwerden innerhalb der Schule, einfühlend verstehen und trösten, erwächst in dem Kind die notwendige Kraft und Stärke, sie zurückzuweisen.

Die entscheidende Hilfestellung bei **Schuldgefühlen** besteht darin, zwischen realer Schuld und vermeintlicher oder delegierter Schuld zu unterscheiden. Auch Kinder können Schuld auf sich geladen haben und müssen dafür Verantwortung übernehmen und sich dadurch »ent-schulden«. Meistens aber tragen Kinder »des anderen Last«, Schuldgefühle haben sie von anderen übernommen, oder sie bemühen sich (vergeblich) darum, Verantwortung für Trennungen, Krankheiten oder andere Not Erwachsener zu übernehmen. Hier gilt es, den Kindern klar und deutlich zu sagen:

»Du bist nicht schuld.« Dies sind die Zauberworte. Sie müssen nicht nur einmal gesagt, sondern mehrmals wiederholt werden. »Du bist nicht schuld.« Diesen Satz können die Kinder nicht aus sich heraus formulieren, dazu brauchen sie die Unterstützung eines erwachsenen Gegenübers.

»Du bist nicht schuld« – das sind Zauberworte.

Wenn **Trauer** hinter der Angst steht, dann meist deshalb, weil ihr nicht genug Raum gegeben oder sie tabuisiert wurde. Trauern gehört aber ebenso zum Leben der Kinder wie Freude. Deswegen sollten Erwachsene ihre Trauer den Kindern zeigen, nicht nur als Appell, sondern als Zeichen, dass es ihnen ähnlich geht und sie dieses Gefühl nachvollziehen können. Wir Erwachsenen zeigen damit: Traurig zu sein fühlt sich schlimm an, ist aber auch gut und notwendig, Traurigsein geht vorbei, braucht aber Raum und Zeit.

Zur Trauer gehört auch, dass man nicht nur allein traurig ist. Wenn Kinder trauern, z. B. weil sie eine Freundin oder einen Freund verloren haben, wollen Erwachsene oft ablenken, indem sie ein Eis spendieren oder die Trauer wegreden (»Ist doch nicht so schlimm«). Für die Kinder ist es schlimm – wie für Erwachsene in vergleichbaren Situationen auch –, und sie brauchen den Raum für ihre Trauer. Erwachsene sollten dies akzeptieren und bestätigen, nicht mehr, aber auch nicht weniger.

Nicht bei jedem Anflug von Trauer müssen Tempotaschentücher oder Geldscheine gezückt werden, hilfreich ist es stattdessen, zu sagen: »Ja, das ist traurig, das finde ich auch.«

»Als ich mich in der Beratungsstunde getraut habe zu gucken, wen ich in der Klasse als Freund haben will, da war ich ganz verwundert. Ich hab mir vorher immer die Starken, die einen fertigmachen, als Freunde ausgesucht. Da habe ich erst mal gemerkt,

Traurigkeit braucht Akzeptanz, Anteilnahme und Solidarität.

wie traurig und wütend ich eigentlich bin. Marc, mein neuer Freund, ist viel netter, und als ich den gefragt habe, ob er was mit mir machen will und er ja gesagt hat – da wurde es langsam alles besser. Ich habe gemerkt, dass ich nicht an der Situation zu Hause schuld bin – das war das Wichtigste für mich. Ich achte jetzt mehr auf mich und mein Leben und gehe jetzt sogar regelmäßig in die Schule und lerne! WOW, oder?« Nadja, 16 Jahre

Mobbing: Ausgrenzung ernst nehmen – Verbindung suchen

Ausgrenzung und Mobbing machen die meisten Kinder hilflos, ebenso wie viele Eltern und Lehrer. Wie gehen Sie am besten vor? Untersuchen Sie zunächst, ob es sich überhaupt um Mobbing handelt. Nicht jede ungeschminkte Kritik, nicht jedes Zerbrechen von Freundschaften, nicht jede Ablehnung ist Schikane gegen das Kind. Mobbing beginnt dann, wenn sich mehrere Kinder ausgesprochen oder unausgesprochen zusammenschließen, um ein Kind fertigzumachen, wenn es Kettenreaktionen der Ausgrenzung und Beschämung gibt, gegen die sich zu wehren das Kind keine Chance hat.

Auch hier gilt wieder: Mobbing sollte offen benannt und öffentlich beredet werden, im Elternhaus ebenso wie in der Schulklasse. Kinder, die gemobbt werden, brauchen öffentliche Unterstützung. Dabei sollten die Erwachsenen die gesamte Klassenatmosphäre und die Beziehungen der Kinder untereinander ansehen, das Klassen- und Schulklima analysieren.

Mobbing muss offen benannt und öffentlich beredet werden.

Mobbing tritt verstärkt dort auf, wo Kinder sich ihrer Zugehörigkeit nicht mehr sicher sind. Vor allem Kinder aus belasteten Familien wurden in Untersuchungen als potenzielle Mobbingtäter ermittelt. Erfolgreich und nachhaltig etwas gegen Mobbing zu tun darf in Schulen nicht nur heißen, Kinder Lippenbekenntnisse unterschreiben zu lassen. Das kann zwar durchaus ein erster Schritt zu einer schulischen Kultur des Hinschauens sein. Wichtiger sind aber die Arbeit an den Beziehungsgeflechten in der Klasse sowie die (oftmals therapeutische) Hilfe für die Täter. Diese sind nämlich nach unseren Erfahrungen in der Regel selbst Opfer, in der Schule, in ihrer Familie. Täter brauchen einerseits strikte Begrenzungen und Spiegel für ihr Fehlverhalten, andererseits aber genauso schnell Hilfe und Anbindung.

Die betroffenen Kinder sind gut beraten, wenn sie sich Verbündete suchen, unter den Erwachsenen oder unter anderen Kindern in der Klasse. Oft gibt es beim Mobbing Anführer, die einen Kreis von Aktivisten um sich scharen, daneben aber auch fast immer Mitläufer, die aus Angst mitmachen, um nicht selbst gemobbt zu werden. Solche Kinder können Verbündete sein oder werden, indem gezielt der Kontakt zu ihnen gesucht wird.

Wenn das nicht gelingt, dann ist es oft hilfreich, einen Schritt beiseite zu machen und sich außerhalb der Klasse oder der Schule andere Kontakte aufzubauen. Dabei kann durchaus auch das oft gescholtene Internet Unterstützung bieten, wenn Kontakte zu anderen mit ähnlichen Interessen geknüpft werden und sich daraus Freundschaften entwickeln. Wenn trotz aller Anstrengung die Front gegen ein Kind nicht aufgebrochen werden kann, dann sollte man sich gleichsam schulterzuckend von ihr abwenden. Mit dieser Haltung verlieren die Quälgeister einen Teil ihrer Energie. Mobbing funktioniert nämlich nur so lange, wie die Opfer eingeschüchtert sind und Angst haben.

Mobbing funktioniert nur so lange, wie die Opfer eingeschüchtert sind und Angst haben.

In besonders festgefahrenen Situationen raten wir zu einem Schulwechsel. Oft wollen betroffene Kinder zunächst diesen

Wechsel nicht, sie wollen sich behaupten und sind von Angst erfüllt vor dem Neuen. Geben Sie dann zu bedenken, dass die aktuelle Situation in der Klasse durch Anspannungen, Verletzungen und Enttäuschungen gekennzeichnet ist, sodass ein Neubeginn in einer anderen Klasse oder einer anderen Schule eine große Erleichterung bringen mag.

»Mir hat geholfen, dass ich mich umsetzen durfte. Als ich wieder neben meiner Freundin sitzen konnte und die, die mich immer ärgern, egal wurden, da war die Schule viel einfacher für mich, weil ich mich neben ihr so sicher und ruhig fühle. Irgendwie haben die dann auch mit dem Ärgern aufgehört.« Doro, 12 Jahre

Stärken unterstützen – kindliche Ressourcen fördern

Sicherheiten und Stärken der Kinder sind ein wirksames Mittel gegen die Angst. Denken Sie darüber nach: Was kann das Kind besonders gut? In welcher Tätigkeit fühlt es sich zu Hause? Mit welchen Kindern pflegt es besonders intensiven und freudigen

Kontakt? Wann und wo lacht das Kind am meisten? In welchen Fächern und bei welchen Themen beteiligt sich das Kind am ehesten? Wo hat es die größte Freude und zeigt es die meiste Energie? Was mag ich als Vater oder Mutter besonders mit dem Kind unternehmen? – Solche und ähnliche Fragen sollten sich Erwachsene stellen, um nicht ihre ganze Energie ausschließlich auf die Angst zu richten.

Angst hat oft eine Magnetwirkung und tendiert dazu, wie in einem schwarzen Loch andere Aktivitäten und Aspekte der Lebendigkeit aufzusaugen. Dem gilt es entgegenzuwirken und besonders den Ausbau der Sicherheiten zu unterstützen und die Stärken zu fördern. Oft werden diese beiden Aspekte als Gegensätze gesehen, was dazu führt, dass entweder die Stärken gefördert und die Angst missachtet oder umgekehrt nur die Angst beachtet und die Stärken aus dem Blick verloren werden. Unsere Haltung betont das **und**: die Angst ernst nehmen **und** Sicherheiten und Stärken ausbauen.

Was kann mein Kind besonders gut? Wo fühlt es sich sicher?

»Musik hat mir geholfen – ich habe gelernt, welche Musik mir hilft, wenn die Angst kommt, und auch das Trommeln war gut. Seit ich sogar Schlagzeug spiele, kann ich meinen Stress rauslassen und die anderen bewundern mich sogar dafür.« Stefan, 13 Jahre

Musik als Helfer gegen Angst
Instrumente aus anderen Kulturkreisen machen neugierig und laden Kinder in besonderer Weise ein, ihr Inneres spielerisch ins Klingen und zur Sprache zu bringen.

Hilfen abseits der Worte finden

Angst lässt verstummen, Angst führt oft dazu, dass Kinder keine Worte finden. Dann helfen Klänge, Bilder, Bewegungen, Skulpturen und andere nonverbale Ausdrucksformen. Da symbolisiert der Elfjährige seine Angst durch Dschungeltiere und kann in der Fantasiereise mit Musik ein starker Löwenbändiger sein, dem schrecklichen Raubtier in die Augen schauen, seiner Angst gleichsam in anderer Gestalt Herr werden. Da wird die Macht der Yu-Gi-Oh-Karten aus dem Manga-Comic zur gewaltigen Zauberkraft, die auch in den Alltag mitgenommen werden kann. Da werden die Lieder über den Drachen zu einem kreativen Bündnis gegen die unaussprechliche Angst. Da reist die 14-Jährige in ein Security-Land, in dem sie von vielen Sicherheitskräften und starken Tigern beschützt wird – sie malt die Landschaft in starken Rottönen und nimmt einen Abdruck davon mit nach Hause, damit sie sich dort sicherer fühlen kann. In der Kindergruppe ertönt »Anti-Angst-Musik«, durch die zum ersten Mal große Ängste vor der Gruppe mitgeteilt werden können. Was in der Fantasie und mit Kreativität möglich wird, hält auch Einzug in die kindliche Alltagsrealität. All diese aktiven Imaginationen unterstützen Kinder dabei, ihre inneren Kräfte und Helfer zu aktivieren und der Angst dadurch etwas entgegenzusetzen.

Worte können helfen, wenn sie sich in die Form von Geschichten kleiden. Kinder leben in Geschichten, sie erzählen gern Geschichten, und sie hören gern Geschichten. Es gibt Filme, Romane, Comics und Märchen, die sich mit der Angst und ihrer Bewältigung beschäftigen. Auch auf diesen Reichtum können Eltern und Lehrer zurückgreifen. Vor allem aber können sie selber Geschichten erzählen und gemeinsam mit den Kindern Geschichten erfinden. Bevor manche Kinder ihr Handeln verändern, ma-

In Klängen, Bildern, Bewegungen findet die Angst ihren ersten Ausdruck.

chen sie zunächst einen Probelauf, indem sie ihre Fantasie in eine Geschichte packen.

»Ich mach jetzt immer meine Kampfbewegungen und singe mein Ich-bin-ich-Lied, wenn es mir schlecht geht. Wie Flax, der Ritter. Das habe ich in der Therapie so richtig erfunden. Dann kann mir keiner was.« Marco, 7 Jahre

An die eigene Schulbiografie erinnern

In unserer therapeutischen Begleitung von Kindern mit Schulangst stellen wir Eltern oft die Frage: »Wie ging es Ihnen in Ihrer Schulzeit?« Die Antworten sind oft frappierend. Häufig haben auch Eltern Probleme in der Schulzeit gehabt, wurden beschämt oder standen unter Druck, hassten die Schule oder verstummten. Der Vater eines achtjährigen Jungen übte zum Beispiel großen Druck auf seinen Sohn aus, zur Schule zu gehen, während dieser sich mehr und mehr weigerte und morgens das Haus gar nicht mehr verlassen wollte. Auf Nachfragen erzählte der Vater, dass er, als er acht Jahre alt war, drei Monate die Schule geschwänzt habe, »weil ich es einfach nicht mehr ausgehalten habe«. Wird ein solcher Zusammenhang deutlich, ist dies noch nicht die Lösung, aber der erste Schritt dazu. Der Vater wollte seinem Sohn ähnliche Erfahrungen, wie er sie selber gemacht hatte, ersparen, und trieb ihn immer mehr in genau diese Erfahrung von Schulangst hinein. Als er seine eigene Schulerfahrung als Not und nicht nur als Versagen ernst nahm, öffnete sich sein Blick auch für die Not seines Sohnes.

Wie ging es Ihnen in Ihrer eigenen Schulzeit?

Entscheidend ist dann der zweite Schritt, nämlich die Frage: »Was hätten Sie damals gebraucht?« Die Antworten sind vielfältig, z. B.: »Dass mich mein Vater oder meine Mutter morgens zur Schule bringt«, »Dass ich mal einen Tag nicht zur Schule muss, sondern etwas Schönes machen darf«, »Dass meine Eltern aufhören zu streiten«, »Dass ich meinen besten Freund zu mir einladen darf« ... Hier begegnen wir den Subtexten und den Quellen der Schulängste auch der Eltern. Diese müssen nicht die gleichen sein wie die bei der Schulangst der Kinder, aber eine genauere Betrachtung öffnet den Blick, führt zu Verständnis für die Nöte der Kinder und deren Ursachen.

»Als ich bemerkte, wie sehr ich meine eigene Geschichte an meinem Kind wiederhole, konnte ich zum ersten Mal hinschauen und merken, wie anders Annika ist. Seitdem sehe ich, wie viele Fähigkeiten sie hat, und traue ihr mehr zu – das tut ihr gut, merke ich.« Mutter

Die Botschaften der Schulangst verstehen

Schulängste werden in der Regel als etwas Schlimmes betrachtet, das entfernt werden muss, gegen das angekämpft werden sollte. Schlimm ist Schulangst auch, weil Kinder darunter leiden.

Doch Schulängste haben auch einen positiven Aspekt, sie sind nämlich ein Hinweis darauf, dass etwas nicht stimmt. Wenn wir sie so betrachten, wird die Angst zur Freundin, die allen Nutzen bringen kann. Der Nutzen jeder Angst besteht darin, dass sie eine Warnung beinhaltet und eine Botschaft. Sie warnt vor etwas, das schädlich ist oder gefährlich, und sie gibt uns die Botschaft, dem Aufmerksamkeit zu schenken und die Gefahr zu beseitigen.

Schulängste haben den positiven Aspekt, dass sie uns Eltern darauf hinweisen, dass etwas nicht stimmt.

Welche Botschaft steckt in der Angst? Welche Bedrohung oder welchen unbekömmlichen Zustand kann das Kind nicht anders bewältigen als durch Angst? Wenn wir dieser Frage nachgehen, verliert die Angst ihre dämonische Kraft und wir können ihr begegnen. So hört der 16-jährige Phil, Bruder eines schwerst-mehrfachbehinderten Jungen, in den Klängen der Angst, die er auf einer Triangel spielt, dass er auf sich achten solle, dass sein Pfeifton im Ohr, der ihm so Angst macht, ein Warnsignal dar-stellt, das ihm sagt: »Phil, pass auf dich auf, damit du nicht wie-der zu viel Verantwortung übernimmst.« Und er ist erleichtert, weil die Angst nicht mehr Angst macht, sondern Wege weist und hilft. Verwundert nimmt er zur Kenntnis: Meine Angst schützt mich!

Welche Bedrohung lässt sich nicht anders bewältigen als durch Angst?

»Meine Mutter und ich, wir reden jetzt viel offener miteinander. Sie versteht mich besser und ich sie. Früher dachte sie, ich stell mich mit meiner Angst nur an oder will sie provozieren mit mei-

nem Ritzen, und jetzt weiß sie, wie das bei mir kommt. Wenn ich mich mit ihr gut verstehe, habe ich weniger Stress, und die Angst kommt nur noch selten.« Annie, 14

Schnell eingreifen und helfen

Unser letzter Hinweis gilt dem Tempo: Kinder mit Schulangst brauchen **schnelle** Hilfe. Je länger sich die Angst in ihnen einnistet, desto mehr verfestigt sie sich und desto schwieriger wird es, Veränderungen herbeizuführen. Möglichst schnelles Handeln darf aber nicht mit Druck verbunden sein. Wer aufs Tempo drückt, bewirkt das Gegenteil.

Schulangst überfordert nicht nur die Kinder, sondern häufig auch uns Erwachsene. Lehrer sehen es nicht gern, wenn Kinder Angst vor ihnen haben, manche fühlen sich dann regelrecht gekränkt. Aus einer Kränkung oder Enttäuschung heraus zu handeln führt zu problematischen Reaktionen.

Timos innere Helfer – nicht mehr allein mit der Angst
Drachen und Fantasiegestalten können Kindern helfen, sich mit inneren Kräften zu verbünden und wieder Macht über die Angst zu bekommen.

Kinder zeigen häufig ihre Schulangst nicht offen, oder sie können sie nicht offen benennen. Solcherart maskierte Schulangst wird leicht übersehen. Auch werden Eltern kein Kind erleben, das zum Mittagessen nach Hause kommt und sagt: »Ach, übrigens, Mama, ich habe Angst, zur Schule zu gehen.« Schulängste sind tabu, und die Hilflosigkeit, die sie oft hervorrufen, verstärken das Tabu. Der wichtigste Schritt besteht darin, diesen Teufelskreis zu durchbrechen. Indem Sie dieses Buch gelesen haben, haben Sie dazu einen wichtigen Schritt unternommen. Der nächste besteht darin, darüber zu reden mit den Kindern, mit anderen Erwachsenen, mit Lehrerinnen und Lehrern, mit Kolleginnen und Kollegen.

Schulängste entwickeln im Laufe ihres Schullebens die meisten Kinder. Es ist kein Zeichen dafür, dass Sie als Eltern oder als Lehrer versagt haben. Sie sollten nicht in Schuldgefühlen stecken bleiben, sondern Verantwortung dafür übernehmen, was **Sie** konkret zur Überwindung der Schulangst Ihrer Kinder beitragen können. Wenn Sie das Gespräch mit anderen über die Schulangst suchen, dann helfen Sie Ihrem Kind und Sie helfen sich. Wenn Sie mutig ihren eigenen Ängsten begegnen, wenn Sie keine Angst vor der Angst Ihres Kindes haben, sondern diese respektvoll achten und ihre Botschaften gemeinsam mit dem Kind entschlüsseln, dann haben Sie viel geschafft. Vertrauen Sie Ihrer Wahrnehmung, vertrauen Sie den Kräften, die Ihr Kind besitzt. Nutzen Sie alle Möglichkeiten der kollegialen Hilfe, der Beratung oder, wenn diese nicht reicht, der professionellen therapeutischen Unterstützung. Eltern und Lehrer sollten gemeinsam ins Gespräch darüber kommen, was genau das Kind ängstigt und wie es Hilfe erfahren kann. Es ist wichtig, hier nicht in wechselseitige Vorwürfe zu verfallen, sondern dass Kinder von Lehrern und Eltern gleichermaßen ernst genommen werden und Zuwendung erfahren.

Schulängste sind kein Hinweis darauf, dass Sie als Eltern versagt haben.

Achtsam sein – verstehen – handeln!

Der wichtigste Schritt ist dann getan, wenn die Schulangst des Kindes mit anderen geteilt werden kann. Deshalb sollten Sie bei Anzeichen von Schulangst behutsam das Gespräch mit Ihrem Kind suchen. Sprechen heilt!

Schaffen Sie bewusst entspannte und »schulfreie« Zonen im Alltag. Nehmen Sie den Druck, unter dem Ihr Kind wahrscheinlich steht, heraus. Ihr Kind ist wichtiger als seine Schulnoten. Stärken Sie die Stärken Ihres Kindes. Schenken Sie ihm Liebe und Aufmerksamkeit auch dann, wenn es sich nicht so verhält, wie Sie es vielleicht erwarten.

Spielen, malen und basteln Sie mit Ihrem Kind. Lesen Sie ihm abends vor. Achten Sie auf Anzeichen, die etwas über seine Schulangst verraten können.

Befreien Sie Ihr Kind von Schuldgefühlen: »Du bist nicht schuld, egal was auch passiert ist« sind die Zauberworte.

Bei Anzeichen von Mobbing schnell handeln und das Gespräch mit allen Beteiligten suchen. Ihr Kind braucht jetzt besonderen Schutz.

Wenn das Leiden einen Namen hat

Die Diagnose »Schulangst« wird nur selten gestellt. Oft finden sich Symptombeschreibungen unter anderem Namen.

Viele Kinder in Schulen haben Angst – die Diagnose Schulangst ist dennoch selten zu vernehmen, wenn ein Kind zur Testung oder Untersuchung geschickt wurde.

Da Schulangst Angst macht und viele Erwachsene, Lehrerinnen und Lehrer wie manche Eltern, eher befremdet und unsicher auf sie reagieren, wird die Angst in der Schule oft überhört und übersehen. Gerade weil Schulangst, wie wir schon beschrieben haben, so unterschiedliche und vielfältige Gesichter haben kann, gibt es um dieses Leiden herum oft eine verzweifelte Suche nach **Ursachen**, die die Schulangst erklären können.

Wenn Sie schon länger mit Schulproblemen Ihres Kindes beschäftigt sind, so hat Ihr Kind wahrscheinlich schon eine Diagnose im psychiatrischen Sinne erhalten wie etwa »AD(H)S«, »Mutismus«, »jugendliche Depression«, »Ess-Störung«, »soziale Anpassungsstörung«, »Hochbegabung«, um nur einige aufzuzählen. Vielleicht waren Sie als Eltern erleichtert, als am Ende einer Arzt-Odyssee endlich eine Diagnose vorlag.

Wenn Sie eine Diagnose Ihres Kindes vorliegen haben, so hoffen wir, dass diese mit aller Vorsicht, Sorgfalt und Umsicht gestellt wurde. Nach unserem Verständnis ist eine Diagnose zunächst einmal eine subjektive Feststellung und kein feststehendes Urteil. Es ist möglich, dass unterschiedliche Ärzte und Therapeuten etwa zu völlig unterschiedlichen Diagnosen gelangen, je nachdem, von welcher Perspektive aus sie auf Ihr Kind schauen.

Diagnosen im Sinne eines wachsenden Erkenntnisgewinnes ernst zu nehmen ist sinnvoll, wenn es darum geht, zu entscheiden, welche passenden Schritte der Hilfe und Förderung einzuleiten sind. Ein gesundes Misstrauen ist dennoch angezeigt: Bewahren Sie Ihren eigenen Blick auf Ihr Kind und ziehen Sie

Diagnosen scheinen sicherzustellen, dass ein Kind ja »wirklich« etwas hat und schulische Schwierigkeiten gleichsam »von Amts wegen« begründet sind.

notfalls mehrere Experten Ihres Vertrauens hinzu, denn nicht zuletzt muss für die Schulangst Ihres Kindes eine Klassifikation gefunden werden, über die sich Therapie und Diagnostik kassenmäßig abrechnen lassen. Dabei werden allerdings nicht immer die Faktoren berücksichtigt, die vielleicht wirklich zu den Problemen Ihres Kindes führen bzw. geführt haben.

Gerade wenn es um Schulangst geht, muss die Diagnosefindung über das Zuordnen zu klassischen Krankheitsbildern hinausgehen und etwa Beziehungen familiärer und schulischer Art mit in den Blick nehmen. Jede Diagnose ist nur eine Bezeichnung für eine Ansammlung von Symptomen wie »Unruhe« oder »spricht nicht« – doch damit sind, wie gesagt, noch nicht die Ursachen dieser Verhaltensweisen oder Gefühle erklärt. Wenn ein Kind zum Beispiel verstummt, dadurch in der Schule nicht klarkommt und gehänselt wird und so seine Angst vor dem Schulbesuch nach und nach entsteht, dann lautet die Diagnose vielleicht »Mutismus«. Dieses Wort bedeutet nicht mehr als die lateinische Bezeichnung für Verstummen. Damit ist noch keine Aussage über die Ursache des Verstummens oder der begleitenden Schulangst getroffen. Oft werden bei solchen Diagnosen Ursachen und Wirkungen verwechselt. Deswegen ist der Glaube, mit einer Diagnose sei »der Stein des Weisen« gefunden, ein Irrglaube; ein blindes Vertrauen auf Diagnosen ist zumindest einseitig. Doch auch in anderer Hinsicht können Diagnosen ein einseitiges Bild vermitteln.

Ihr Kind ist mehr als seine Diagnose: So wie Ihr Kind nicht nur »befriedigend« oder »ausreichend« ist, so ist es ebenso nicht nur »hyperaktiv« oder »verstummt« oder »niedrigbegabt«. Vor allem ist Ihr Kind ein individueller Mensch mit Leib und Seele, auf den offensichtlich auch einige Merkmale eines bestimmten Krankheitsbildes zutreffen. Diese Sicht auf Ihr Kind liegt uns

Ihr Kind ist mehr ist als seine Diagnose!

deshalb so sehr am Herzen, weil erst sie Veränderung zulässt. Diagnosen sollten gestellt werden, damit schnellstens passende Hilfe möglich wird und es gar nicht erst zu Angst vor der Schule kommen muss. Diagnosen dürfen hingegen weder Selbstzweck noch Stempel zur Beurteilung oder lebenslanges Etikett werden. Kinder und Diagnosen können sich ändern – wenn Sie diese Einsicht vertreten, können Sie als Eltern einen wesentlichen Beitrag leisten, Angst vor und in der Schule zu vermeiden.

Gerade um das Thema Angst herum begegnet uns oftmals Heimlichkeit. Eltern wollen aus zum Teil verständlichen Gründen Schwierigkeiten, Probleme oder wiederholt gestellte Diagnosen vor der Schule verbergen, um einer Stigmatisierung (Abwertung, Vorverurteilung) zu entgehen. Diese Sorge mag in einigen Fällen leider berechtigt sein. Zusammenarbeit zum Wohle Ihres Kindes ist jedoch entscheidend und wichtig, um Ihrem Kind ein angstfreies Leben in der Schule zu ermöglichen.

Häufig wollen Eltern Schwierigkeiten und Probleme vor der Schule verbergen.

Wenn Sie Vertrauen zu der Schule Ihrer Wahl und zu Lehrern Ihres Kindes gefasst haben, dann sollten Sie diese auch umfassend über Erkrankungen informieren, damit entsprechend auf Ihr Kind eingegangen werden kann. Gute Schulen werden individuelle Fördermaßnahmen und Einzelfallhilfe für Ihr Kind ermöglichen. Hier wird man sich auf das spezielle Krankheitsbild einstellen und die Folgen für das soziale Miteinander im Klassenzimmer im Auge haben. Man wird Ihr Kind darin unterstützen, dass es sich nicht besonders »krank«, minderwertig, »anders« oder falsch fühlen muss.

Sie als Eltern können Ihr Kind, wenn es an einer Erkrankung leidet, in seiner besonderen Art, durch die Welt zu gehen, unterstützen. Dazu gehört auch, dass Sie ehrlich spiegeln, wenn Ihr

Kind Grenzen anderer verletzt. Andererseits: Stärken Sie Ihrem Kind den Rücken, helfen Sie ihm, Freunde zu finden. Ein wertschätzender Umgang und Ihre uneingeschränkte Liebe sind das Wertvollste, was Sie Ihrem Kind mitgeben können, damit es mutig und ohne Angst in die schulische Welt geht.

Wir werden im Folgenden auf einige klassische Diagnosen eingehen und darlegen, was Eltern tun können, um Schulangst bei derart betroffenen Kindern zu vermeiden.

AD(H)S und Schule – zwei Welten treffen aufeinander

Wenn Kinder mit der Diagnose AD(H)S belegt werden, dann fallen sie vor allem mit als unruhig erlebtem Verhalten auf, das gemeinhin mit dem Wort »hyperaktiv« beschrieben wird. Wenn ein Kind hyperaktiv ist, dann ist Unterricht meist eine äußerst schwierige Angelegenheit, denn hier heißt es für viele Kinder in der Regel, lange und unbeweglich auf einem Platz verweilen zu müssen. Es wird vorausgesetzt, dass Kinder teamfähig sind, andere ausreden lassen und Impulse so unterdrücken können, dass eine angemessene Kommunikation von mehreren Kindern möglich ist. Es wird zumeist ebenfalls erwartet, selbstständig Dinge zu erarbeiten, strukturiert Ordnung zu halten und Aufgaben klar, zügig, vom Anfang bis zum Ende, präzise und sauber zu erledigen. Eben dies können Kinder mit der Diagnose AD(H)S gerade nicht.

Schnell wird in der Schule die Tatsache, dass ein Kind nicht lernen kann, damit gleichgesetzt, dass es nicht lernen will. Das einer Hocherregung entspringende unruhige Verhalten, das z. B. durchaus auch in einer tief sitzenden Angst vor der Schule wurzeln kann, wird dann oft als aufmüpfig und trotzig eingestuft, das unordentliche Schreiben und unkorrekte Erledigen von Aufgaben als Nachlässigkeit. Ein Teufelskreis beginnt. Manche Lehrer erhöhen den Druck auf das unruhige Kind, um es zu disziplinieren. Sie bewerten es schlecht, was dem Selbstwert des betroffenen Kindes wenig zuträglich ist. Sie verhängen Strafen und immer stärkere Sanktionen, die das Kind jedoch nicht in der Lage ist, zu erfüllen – immer mehr steht es hilflos in der Ecke des Sündenbocks, der Lehrer und Mitschüler ärgert. In seiner Hilflosigkeit wird dieses Kind nicht erkannt. Die innere Unruhe steigt und äußert sich in immer größerer Unruhe nach außen.

Eine schlimme Situation für Eltern. Was können Sie tun? Sie als Eltern können im Vorhinein darauf achten, dass Sie sich für eine Schule entscheiden, in der man sich mit dem Krankheitsbild AD(H)S und dem Umgang mit ihm auseinandergesetzt hat und wo vor allem Beziehungsarbeit zwischen Lehrern und Kindern wertgeschätzt wird. Es gilt Lehrer zu finden, die in Kooperation gemeinsam mit Ihnen als Eltern nach Wegen suchen, wie das Kind selbstgesteuert in Bewegung sein kann, ohne den Unterrichtsablauf massiv zu beeinträchtigen.

Oftmals hilft schon die Erlaubnis, im Unterricht malen zu dürfen, um Spannungen abzubauen, oftmals hilft, dass AD(H)S-Kindern täglich kleine, überschaubare Aufgaben gestellt werden, die sie auch tatsächlich bewältigen können, und vor allem hilft die Bereitschaft in Schulen, eine Beziehung zu Kindern zu pflegen, in der Wertschätzung und der Blick auf Ressourcen nicht vergessen werden.

In festgefahrenen Situationen kann es zudem eine Hilfe sein, wenn Sie als Eltern sich kooperationsbereit zeigen und anbieten, Ihr Kind auf Wunsch des Lehrers in schwierigen Situationen abzuholen oder auch die Klasse zu begleiten, wenn Ausflüge oder Fahrten anstehen. Zudem brauchen AD(H)S-Kinder frühzeitig Integrationsgruppen, in denen sie ihr Sozialverhalten unter professioneller Anleitung erproben und ihren Selbstwert stärken können. Das können auch Sportvereine und andere Gruppen sein, wenn die Schule keine entsprechenden Angebote bereithält. Und auch Sie können Ihr Kind loben für Dinge, die es kann und trotz seiner Schwierigkeiten geschafft hat, Sie können Ihr Kind immer wieder ermutigen und sich in sein Erleben einfühlen – damit Schule nicht, wie es ein 16-jähriger Schüler ausdrückte, zum »Vorhof der Hölle« wird.

AD(H)S-Kinder brauchen frühzeitig Integrationsgruppen, in denen sie ihr Sozialverhalten erproben und ihren Selbstwert stärken können.

Mein Kind spricht nicht (Mutismus)

Die 9-jährige Lina, jüngstes Kind in einer Familie mit vier älteren Brüdern, spricht nach Aussagen ihrer Lehrerin im Unterricht gar nicht. In der Therapie malt sie ein Bild vom Meer, in der Mitte eine sehr große Krake. »So eine wäre ich gerne!«, sagt Lina. »Die Krake hat so viele Arme, die kann sich ganz schnell alles nehmen, bevor ihr die anderen alles wegnehmen.« Sie strahlt unvermutet. »Ich behalte meine Worte für mich, die kriegen sie nicht!«, sagt sie traurig-triumphierend.

Die Gründe, warum Kinder verstummen, sind nach unseren Erfahrungen vielschichtig. Kinder, die kaum bis gar nicht sprechen, befinden sich bislang noch am Rande der schulischen Aufmerksamkeit. Da diese stillen Kinder den Unterrichtsablauf wenig stören, oftmals sogar sehr gute Schulleistungen im schriftlichen Bereich erbringen, rücken sie nicht so schnell in den Fokus der Lehreraufmerksamkeit. Eltern bleibt das große Schweigen im Klassenzimmer meist verborgen, weil manche Kinder zu Hause durchaus reden.

In der schulischen Praxis zeigte sich bei vielen Kindern, dass dem Verstummen konkrete Ereignisse vorausgegangen waren. Sowohl traumatische Erfahrungen (auch im schulischen Bereich, wie wir im Kapitel »Schlimmes« beschrieben haben) als auch Zusammenhänge von Beschämtwerden, familiäre Drucksituationen, extreme Bewertungshaltung eines Elternteils usw. konnten hierbei als auslösend für das Sichzurücknehmen und das »Festhalten von Wörtern« festgestellt werden.

Die Schulsituation wird von schweigenden Kindern oftmals als sehr belastend erlebt, befinden sie sich doch in beständiger Anspannung darüber, ob sie zum Sprechen vor der Klasse gezwungen werden. In jedem Fall gilt es, nach den Zusammenhängen, die zum Verstummen geführt haben, Ausschau zu halten. Dies geht paradoxerweise in der Regel nur, indem sich Eltern aus dem Druck lösen, das Kind zum Sprechen zu bringen. Kinder tragen eine Weisheit in sich, die den Erwachsenen oft unergründlich und nicht zugänglich ist. Das Schweigen muss als Bewältigungsstrategie (Coping) für nicht Aussprechbares von Eltern geachtet werden. Jedes Verstummen hat einen Grund – wenn dieser Grund entfällt oder seine Kraft verliert, reden die Kinder in der Regel wieder. Wenn Kinder sich bedrängt fühlen, unbedingt

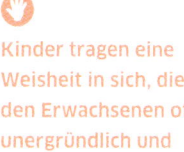

Kinder tragen eine Weisheit in sich, die den Erwachsenen oft unergründlich und nicht zugänglich ist.

Schweigen hat einen Grund
Wenn ein Kind schweigt, braucht es Hilfe und die Geduld seiner Eltern, denn Zwang hilft nicht weiter, sondern vertieft nur das Schweigen.

sprechen zu müssen, fühlen sie sich unter Druck, und dieser Druck macht das Herausfinden der Ursachen des Verstummens immer schwieriger.

Nach unseren Erfahrungen kommen Kinder gut zum Sprechen über das Nutzen von kreativen Medien. Puppen, Plüschtiere, Sorgenbären geben den Kindern oftmals unvermutet eine Stimme – der Bär erzählt, was das Kind nicht sagen kann. Vielleicht ist er traurig und will getröstet werden? Trifft das auch auf Ihr Kind zu? Seien Sie achtsam, welche Botschaften Ihr Kind Ihnen im Spiel übermittelt.

Wenn das Verstummen und Schweigen im Klassenzimmer die Eingangsphase einer neuen Schule mehrere Monate überdauert, sollten Eltern unbedingt professionelle Hilfe suchen, damit das Kind neue Wege aus dem Schweigen findet. Kreative Therapie ist dazu besonders geeignet. Ein Kind, das Musik macht, erzählt mit Instrumenten und kann dafür musikalische Antworten bekommen. Auch Tanzen fördert, Regungen von innen nach außen zu bringen: wichtige Schritte, die Eltern fördern und unterstützen sollten.

Manche verstummten Kinder bekommen also die Diagnose Mutismus. Mutismus beschreibt dabei allgemein Formen kindlichen Verstummens auf der sprachlichen Ebene. Im sogenannten elektiven Mutismus kommt es zum Nichtsprechen in einem bestimmten Umfeld, während es in anderen Bereichen möglich ist, dass das Kind sprachlich in Kontakt tritt (das Kind spricht zwar nicht in der Schule, aber zu Hause in seiner Familie). Mutismus ist als soziale Störung mit massiven leiblichen Folgen anzusehen, es verstummt nicht nur die Sprache, sondern oft nach und nach auch andere leibliche Regungen, z. B. des Körpers, seine Bewegungsvielfalt etc.

Auch Formen von **Asperger-Syndrom** oder **Autismus** können mit Verstummen einhergehen. Ob eine solch schwerwiegende Diagnose zugrunde liegt, muss abgeklärt werden. Wenn Kinder und Jugendliche sehr lange nicht sprechen, ist das für sie oft ein großes Leiden, ein Leiden, das massive Ängste vor anderen Kindern, vor den Lehrern und vor Schule überhaupt auslösen kann. Eltern müssen dringend für Hilfestellungen von außen sorgen.

Kindliche Depression

Wenn Kinder sich zurückziehen und niemanden mehr an sich heranlassen, kann dies zu einer Diagnose »kindliche Depression« führen. Sven erhielt diese Diagnose, als seine Mutter nicht mehr weiterwusste und mit ihm zum Psychiater ging. Der 12-Jährige wollte morgens nicht mehr aufstehen und nicht zur Schule gehen. Wenn seine Mutter es schaffte, ihn zum Schulbesuch zu bewegen, beteiligt er sich nicht und hing nur »schlaff« herum. Zu Hause spielte er nur an seiner Playstation, immer das gleiche Spiel. »Keine Lust« und »Keine Ahnung!« waren seine häufigsten Äußerungen. Auch der Kontakt zu seinen Freunden schlief ein, keiner wusste mehr etwas mit ihm anzufangen.

Die Diagnose »Depression« ist schwerwiegend und sollte deshalb bei Kindern sehr vorsichtig und nur nach genaueren und längeren Untersuchungen erteilt werden. Die Behandlung mit Medikamenten kann helfen, stellt aber einen schwerwiegenden Eingriff in den Organismus des Kindes dar. Mit der Diagnose war die Frage, warum Sven nicht mehr wie früher gern zur Schule ging, in den Hintergrund getreten, ja ganz verschwunden. Die Medikamente halfen eine Zeit lang und hellten Svens Stimmung auf. Doch nach einigen Wochen hatte er wieder keine Lust, in die Schule zu gehen, verweigerte sich immer mehr. Da schickte Svens Mutter ihren Sohn in eine Therapie.

In der Therapie erzählte Sven, dass er Angst habe, in die Schule zu gehen. »Ich habe manchmal auch Angst, überhaupt aufzustehen.« Wovor er Angst hatte, wusste er nicht. Er malte die Angst als große, schwarze Wolke. Nach drei Therapieeinheiten, als das Vertrauen zum Therapeuten gewachsen war, malte er wieder seine angstvolle Stimmung, indem er auf ein großes Blatt Papier viel flüssige schwarze Farbe ausdrückte und dann verrührte. Der Therapeut schlug ihm vor, von diesem schwarzen Bild Abdrücke zu machen, indem er neue Blätter darauf lege und wieder abziehe. Sven tat dies mehrmals und war überrascht von den filigranen Mustern, die nach und nach in den Abzügen entstanden. Schließlich sagte er zu einem Bild: »Das sieht aus wie ein Riesenpuzzle mit 500 Teilen!« Als der Therapeut fragte, ob er einmal solch ein Puzzle gelegt habe, begannen sich Svens Augen mit Tränen zu füllen. »Ja, mit meinem Vater«, konnte er nach einiger Zeit äußern. Der Vater hatte die Familie ein Jahr zuvor überraschend verlassen und Sven war traurig, tieftraurig.

Der Vater hatte die Familie ein Jahr zuvor überraschend verlassen und Sven war traurig, tieftraurig.

Dies erleben wir in vielen Therapien: Kinder sind oft abgrundtief traurig und wissen nicht, wohin sie mit ihrer Trauer können, mit wem sie sie teilen können. Das Angestaute und Unausgedrückte lässt ihr Inneres immer enger werden, bis es sie so ausfüllt, dass für Neues kein Platz mehr bleibt. Was folgt, sind Rückzug, Ängste, die nicht greifbar sind, Antriebslosigkeit und andere Symptome der Depression.

Auch hier lohnt es sich, nach den Quellen der Depression zu suchen und sich nicht mit der Diagnose zu begnügen. Als Sven seiner Traurigkeit wiederbegegnet war und in der Therapie, dann auch mit seiner Mutter, einen Weg gefunden hatte, seine Trauer zuzulassen und zu teilen, fand er seine Lebendigkeit wieder und auch seine Neugier, etwas zu lernen.

Ess-Störungen – wer bin ich?

Ess-Störungen sind eine Sammelbezeichnung für Magersucht, Adipositas (starkes und dauerhaftes Übergewicht) und Bulimie (Essanfälle, die mit Erbrechen abgewechselt werden). Diese Erkrankungen sind schwerwiegend, oft sogar lebensgefährlich. Meist werden sie erst zu spät wahrgenommen und ernst genommen, zumal sie von den betroffenen Jugendlichen auf vielerlei Weise verheimlicht und vertuscht werden. Da wird heimlich an der Tankstelle oder abends im Supermarkt eingekauft, was in nächtlichen Essanfällen verschlungen wird; oder die Jugendliche verweigert die Teilnahme an dem Abendessen, da sie »schon bei der Freundin gegessen« habe.

Umso wichtiger ist es, zu wissen, dass Ess-Störungen nicht plötzlich »da« sind wie eine Grippe, sondern eine Vorgeschichte haben, zu der auch Schulangst gehören kann und oft gehört.

Zuerst einmal hat jede Ess-Störung etwas mit Essen zu tun, ist aber viel mehr: Sie ist eine Störung der Identität, des Selbstverständnisses des Betroffenen. Weil dieses Selbstverständnis im Jugendalter durch die einsetzende Pubertät sowieso starken Veränderungen und Verunsicherungen ausgesetzt ist, treten Ess-Störungen besonders oft bei Jugendlichen auf oder beginnen dann. Sie als Eltern erleben etwa, dass ihre 13-jährige Tochter noch ein Kind ist und gleichzeitig kein Kind mehr sein will. Eine Erwachsene ist sie auch noch nicht, auch wenn sie sich so zu geben versucht. Ihr Körper verändert sich, sie wird vom Mädchen zur Frau: eine enorme Herausforderung. Sara hungert dagegen an, weiblich und rund zu werden, sie definiert ihren Selbstwert über ihre Figur. Molligere Mädchen werden in ihrer Clique ausgegrenzt, in der Klasse belächelt. Sie will zu den »IN-Mädchen« gehören. Dafür gibt Sara förmlich alles. Gerade Mädchen mit magersüchtigen Tendenzen zeigen einen sehr starken Willen und eine extrem hohe Leistungsbereitschaft bis zum Selbstverlust, eine Seite, die dadurch eine ungute Verschärfung erfahren kann, dass auch in der Schule Leistungsbereitschaft betont wird. Mädchen wie Sara jonglieren dann in doppelter Hinsicht extrem an ihren Grenzen, um »in« zu sein und anerkannt zu werden. Doch auch Jungen können von Störungen in ihrem Körpererleben betroffen sein.

Der 14-jährige Hakim ist extrem verunsichert. Zwischen Jungen- und Mannsein irrlichternd, hat er die Sicherheit verloren, zu fühlen, wer er ist. Die Veränderungen in seinem Körper überfordern ihn, der Körper wird zum Feind. Hakim bekämpft seinen Körper mit exzessivem Bodybuilding, die 13-jährige Sara, indem sie alle möglichen Diäten ausprobiert. Beide suchen ein Idealgewicht oder ideales Aussehen, ohne ein Maß für das »Ideale« zu haben. So kämpfen sie und versuchen, ihren Körper zu kontrollieren, um ihre Verunsicherung auszuschalten. Ein wenig davon

ist nicht schädlich, doch die Gefahr besteht, dass die Kontrolle übermächtig wird und irgendwann das Erleben und die eigenen Gefühle derart bestimmt, dass sie zur Ess-Störung wird. Auch bei der Adipositas ist der Prozess ähnlich. Essen, exzessives Essen hilft gegen Unsicherheit, zumindest eine Zeit lang. Doch der »Kummerspeck« kann zur Ess-Störung werden, wenn die Maßlosigkeit die Oberhand gewinnt.

Bis es so weit kommt, ist fast immer eine Periode des Rückzugs von sozialen Kontakten zu beobachten. Die Waage und der Kühlschrank werden zum einzig wichtigen und dann zum einzigen Kontakt und bestimmen das innere wie das soziale Leben. Die Schule wird zu einem Ort, an dem man als »zu dick« oder »zu dünn« ausgelacht werden kann, zu einem Ort der zunehmenden Verunsicherung. Also macht Schule Angst.

Diese Angst ernst zu nehmen und in Verbindung zu bringen mit Gewichtsveränderungen oder verändertem Essverhalten sollte Anlass werden, frühzeitig Hilfe zu suchen, zumindest eine Beratungsstelle aufzusuchen.

Und wenn Vater oder Mutter eine »Diagnose« hat?

Bislang ging es darum, dass die Schulangst leicht aus dem Blickfeld geraten kann, wenn eine Diagnose für ein Kind vorliegt. Wenn eine Diagnose für einen Elternteil vorhanden ist, wenn Vater oder Mutter ernsthaft erkrankt ist, dann wird der Zusammenhang zu Schulängsten zumeist gar nicht erst bemerkt.

Wenn ein Elternteil an einer psychischen Erkrankung leidet, z. B. an einer Depression, dann hat das Auswirkungen auf die Kinder. Der erkrankte Elternteil ist für das Kind oft wenig greifbar, das Kind versteht zumeist nicht, was los ist, kann sich das Verhalten des Vaters oder der Mutter nicht erklären und bezieht das auf sich: »Ich habe etwas falsch gemacht, deswegen ist mein Papa so.« Oder: »Meine Mutter liebt mich nicht mehr und will deswegen nicht mehr aufstehen.« Hier sind zumindest Erklärungen für die Kinder notwendig, damit sie das unerklärliche Verhalten der erkrankten Personen verstehen können. Sonst können bei den Kindern Verunsicherungen des Selbstwertgefühls, sozialer Rückzug und insbesondere Schulangst auftreten.

Das gilt genauso, wenn ein Elternteil ein Alkoholproblem hat. Hier kommt noch hinzu, dass Kinder oft nicht über die Sucht reden dürfen und in der Folge Scham und Schuldgefühle wachsen. Es darf nicht darüber geredet werden – der Weg der Kinder, über Gespräche Entlastung zu finden, ist damit versperrt. Insbesondere, wenn die elterliche Alkoholerkrankung mit starkem Kontrollverlust verbunden ist, meinen Kinder oftmals, auf ihre Eltern aufpassen zu müssen und besser nicht in die Schule zu gehen. Die dann in diesem Zusammenhang auftretende Schulangst kann Ausdruck eines überforderten kindlichen Verantwortungsgefühls sein – die Ursache dieser Schulangst bleibt in diesem Fall, wie wir leider oft feststellen müssen, für Außenstehende nebulös.

Wir können aus vielen Erfahrungen nur dringend raten: Wenn Sie oder Ihr Partner bzw. Ihre Partnerin an einem Alkoholproblem oder einer anderen psychischen Erkrankung leiden, gehen Sie durch Ihre Scham hindurch, überwinden Sie sich und suchen Sie Hilfe!

Kümmern Sie sich um ärztliche Hilfe, Hilfe in Therapie und Selbsthilfegruppen, wie und wo auch immer, werden Sie aktiv! Wenn Sie das nicht für sich oder Ihre Partnerschaft tun können, dann tun Sie es für Ihr Kind. Gestehen Sie sich ein, dass Sie in Ihrer Familie ein Problem haben – das ist der erste wichtige Schritt zur Veränderung. Und ermöglichen Sie so Ihrem Kind, dass es darüber informiert wird, was wirklich los ist, damit es selbst bei anderen Hilfe für die Bewältigung dieser schwierigen Situation findet. Viele Ängste und Probleme in der Schule lösen sich, wenn Eltern diesen Schritt schaffen.

Gestehen Sie sich ein, dass Sie in Ihrer Familie ein Problem haben – das ist der erste wichtige Schritt zur Veränderung.

Auch schwere körperliche Erkrankungen eines Elternteils können zu Schulangst führen.

Als Ingas Mutter an Krebs erkrankte, machte sich Inga so große Sorgen, dass sie nur noch davon ausgefüllt wurde. Immer wenn es der Mutter schlechter ging, meinte sie, selbst etwas falsch gemacht zu haben. Die Mutter war tapfer, wollte Inga nicht mit der Krankheit belasten, und redete mit ihr nicht darüber. Das war gut gemeint, aber falsch. Denn Inga war nun auf ihre Fantasien über die Erkrankung angewiesen und fühlte sich noch mehr schuldig und zog sich noch mehr von den Freunden zurück, schwänzte schließlich wochenlang die Schule. Was Inga brauchte? Sie brauchte Kontakt und Information, sie brauchte Ermutigung der Eltern, trotz der Erkrankung der Mutter spielen zu dürfen, und sie brauchte immer wieder den Satz: »Du bist nicht schuld«, auch, um wieder gern in die Schule zu gehen.

AD(H)S, Mutismus, kindliche Depression oder andere Diagnosen können Schulangst verdecken.

Kinder tragen eine Weisheit in sich, die den Erwachsenen oft unergründlich und nicht zugänglich ist. Ein Kind ist immer mehr als eine Diagnose. Es geht darum, die dahinterstehenden Probleme zu erkennen und zu benennen.

Auch Probleme der Eltern können Schulangst und dahinterliegende Verhaltensstörungen auslösen. Man muss sie Kindern gegenüber offen aussprechen, damit sie die »Probleme« nicht nur bei sich selbst suchen.

Kinder und Diagnosen können sich ändern – wenn Eltern diese Einsicht vertreten, leisten sie einen wesentlichen Beitrag, Angst vor und in der Schule zu verhindern.

Sofort-maßnahmen

Auf den folgenden Seiten erfahren Sie, was Sie schnell und dringend tun sollten, wenn Ihr Kind unter akuter Schulangst leidet.

Dasein

Angst ist immer ein Schrei, auch ein Schrei nach Eltern: Seien Sie jetzt für Ihr Kind ganz besonders und zuverlässig da. Seien Sie ein präsenter Ansprechpartner für Ihr Kind und seine Angst. Tun Sie nun auf gar keinen Fall so, als wäre nichts. Wenn Ihr Kind Angst äußert oder zeigt, dann vermitteln Sie Ihrem Kind, dass es sich nun erst recht auf Sie verlassen kann. Bleiben Sie, auch wenn es schwerfällt, geduldig. Stellen Sie sich vor, dass Sie nun mit Ihrem Kind durch eine große Welle schwimmen, die sich wieder glätten wird. Sprechen Sie Ihrem Kind Mut zu und machen Sie Angebote, die Ihre Beziehung festigen. Ihr Kind geht gern mit Ihnen schwimmen – erfüllen Sie kleine Wünsche, die angemessen erscheinen: So vermitteln Sie Ihrem Kind das Gefühl, dass Sie es hören und achten, eben dass Sie für es da sind. Ihr Kind ist jetzt wahrscheinlich selbst sehr verunsichert – zeigen Sie ihm, dass Sie es lieben, gerade jetzt, wenn es ängstlich ist.

Halt geben

Jetzt braucht Ihr Kind Eltern, die es liebevoll unterstützen und an die Hand nehmen. Lassen Sie das Kind auch körperlich Ihren Halt spüren. Je jünger es ist, desto eher wird es sich anlehnen wollen: Nehmen Sie es in die Arme, kuscheln Sie mit ihm ... Ihr Kind muss Ihren Halt sinnlich fühlen können.

Gemeinsam Eltern sein

Seien sie gemeinsam da, wenn es möglich ist. Ihr Kind braucht jetzt beide Eltern. Gerade in einer schwierigen Situation ist es wichtig, die Lasten auf mehrere Schultern zu verteilen. Dieser Hinweis geht gerade auch verheiratete Mütter an. Nicht nur Alleinerziehende erziehen nach unseren Erfahrungen allein ... Kinder brauchen Vater und Mutter. Besonders in schwierigen Zeiten wie in der beginnenden Pubertät ist es für Kinder wichtig, von beiden Eltern Modelle für die eigene Geschlechterrolle zu bekommen. Es kann nun vonnöten sein, dass der Sohn besonders den Vater braucht, die Tochter die Mutter, aber auch, dass neben der stärkeren Ängstlichkeit des einen Elternteils ein anderer, vielleicht weniger geachteter Aspekt wie etwa der der Leichtigkeit und Unbekümmertheit durch den anderen Elternteil mehr Raum bekommen kann.

Keine Angst vor der Angst

Auch wenn es noch so schwerfällt: Sehen Sie die Situation als Herausforderung, etwas Neues über Ihr Kind zu erfahren. Angst kommt nicht »einfach so«, sondern möchte etwas erzählen. Also finden Sie Wege, der Angst in Ihrem Kind zuzuhören und sie zur Sprache zu bringen. Für kleinere Kinder helfen auch Geschichten von anderen Kindern und Tieren.

Angstquellen finden

Die schwierige Aufgabe besteht darin, herauszufinden, was sich hinter der Angst verbirgt. Dies braucht Zeit, Geduld und Raum. Wird Ihr Kind etwa in der Schule massiv geärgert und bedroht, ist es wichtig, mit dem Kind in die Schule zu gehen und gemeinsam dafür zu sorgen, dass hier eine Grenze gezogen wird. Das Kind muss Hilfe erfahren durch Eltern und Lehrer.

Hilfe und Unterstützung suchen

Wenn Ihr Kind nicht über die Angst redet, versuchen Sie, gemeinsam mit ihm und anderen ins Gespräch zu kommen. Welchen Eindruck haben die Lehrer, die Oma, die beste Freundin? Erklären Sie Ihrem Kind, dass Sie ihm helfen wollen, und fragen Sie, welche Meinung es dazu hat. Wenn hier große Widerstände auftreten, die sich vielleicht auch bei ganz bestimmten Personen äußern, über die Ihr Kind nichts sagen will, können das schon wichtige Hinweise auf fehlende oder gestörte Beziehungen sein.

Für viele Kinder kann in diesen Phasen auch ein lang ersehntes Haustier eine wichtige Funktion einnehmen. Sicher sollte die Anschaffung eines Tieres gut überlegt sein. Insgesamt zeigte sich in unserer Arbeit, dass Tiere sehr oft zu Vertrauten wurden, denen Sorgen anvertraut werden konnten. Urvertrauen konnte in Kindern wachsen. Mit Tieren wurde zudem oftmals das Überwinden eigener Grenzen möglich, das dann auf schulische Situationen übertragen werden konnte.

Kreativität nutzen – Ungewöhnliches tun

Treten Sie einen Schritt beiseite und werden Sie kreativ. Denken Sie sich mit Ihrem Kind gemeinsam Geschichten aus, basteln Sie, musizieren Sie – Musik reduziert Angst, wie Neurowissenschaftler nachweisen konnten. Nutzen Sie die heilsame Kraft der Kreativität in sich und Ihrem Kind. Am Abend mit Kindern gemeinsam zu singen kann Wunder wirken. Wir möchten Sie zu Ungewöhnlichem anregen. Probieren Sie »Verrücktes«, verlassen Sie allzu eingefahrene Wege und Gewohnheiten. Sie und Ihr Kind hören gern Musik? Vielleicht einmal ungewohnt aus dem klassischen Bereich? Welche Musik erlebt Ihr Kind als entspannend, welche Musik erlebt es als beängstigend? Denken Sie sich gemeinsam Geschichten zu den Stücken aus, stellen Sie sich vor, es wäre Filmmusik – spinnen Sie gemeinsame Filme weiter. Was haben der Held in der Musikreise und Ihr Kind gemeinsam? Was hilft im Film und im wirklichen Leben? Alles, was Ihnen hilft,

mit Ihrem Kind ins gemeinsame Erleben und ins Gespräch zu kommen, sollten Sie mutig nutzen!

Der eigenen Stimme trauen

Vertrauen Sie Ihrem eigenen Gefühl und Ihrer inneren Stimme. Seien Sie achtsam für sich, Ihr Kind und Ihre Beziehung. Wenn etwas, was Ihnen empfohlen wird, nicht zu Ihnen passt, auch in unserem Buch, dann sollten Sie sich und Ihr Kind nicht verbiegen. Wichtig ist, dass das, was Sie tun, in Übereinstimmung mit Ihnen selbst und Ihrem Kind geschieht. Die Weisheit haben nicht Experten, sondern die Weisheit ruht in Ihnen und Ihrem Kind. Vertrauen Sie darauf!

Entspannen und zuversichtlich sein

Schaffen Sie bewusst entspannte Zonen. In Familien, in denen uns Schulangst begegnete, war oft »Schule« zum zentralen und leider einzigen Thema geworden. Steuern Sie bewusst mit »schulfreien Zonen« dagegen. Vertrauen Sie darauf, dass die Angst etwas zur Sprache bringen will, das aufhören kann, wenn es gehört wurde. Wenn Sie den Glauben besitzen, dass sich wirklich etwas verändern kann, wird es auch für Ihr Kind leichter.

Aktiv werden gegen Erstarren

Schulangst kann leicht den gesamten Alltag, das gesamte familiäre Handeln bestimmen. Überwinden Sie Ihr Erschrecken und gehen Sie die Schulangst aktiv an, statt sie auszusitzen und sich mit Ihrem Kind durch die Tage zu quälen.

Die Gründe für Schulangst sind vielfältig und man muss ihnen sorgfältig nachgehen. Dennoch gibt es eine Reihe von Sofortmaßnahmen.

Seien Sie jetzt beide ganz besonders für Ihr Kind da – festigen Sie die Beziehung durch positive Aktivitäten. Jüngere Kinder brauchen jetzt besonders viele »Kuscheleinheiten«. Und schaffen Sie »schulfreie« Zonen, in denen sich Ihr Kind entspannen kann.

Nutzen Sie die Sorgen ihres Kindes, um mehr über es zu erfahren. Keine eindringlichen Fragen, sondern Einfühlungsvermögen und Zuhören sind gefragt. Auch andere Menschen, die dem Kind vertraut sind, können hierbei helfen.

Vertrauen Sie auf Ihre ganz spezifische Beziehung zu Ihrem Kind. Lassen Sie sich keine »Problemlösungen« aufzwingen, die Ihnen nicht liegen oder denen Sie nicht Ihr ganzes Vertrauen schenken.

Fragebögen zu Schulangst und Mobbing

Im Folgenden finden Sie zwei Fragebögen, die sich mit Schulangst und Mobbing befassen. Diese Fragebögen sollen das Gespräch mit Ihrem Kind nicht ersetzen, sondern eine Möglichkeit sein, um mit ihm über seine Probleme zu sprechen.

Vor den Tests

Wir raten Ihnen, die Testbögen mit Ihrem Kind nur in Ausnahmefällen selbst durchzuführen. Denn Sie sind in besonderer Art und Weise mit dem Kind verbunden. Das mag Ihr Kind, auch wenn es großes Vertrauen zu Ihnen hat, in seinen aufrichtigen Antworten behindern: Vielleicht mag es Ihnen mit seiner eigenen Situation nicht wehtun, Sie nicht belasten, vielleicht schämt es sich auch oder befürchtet »Ärger« in der Schule, wenn Sie dort etwas aufgrund des Tests ansprechen. Überlegen Sie vielmehr, welcher Person sich Ihr Kind gern anvertraut. Finden Sie jemand – es können Angehörige oder Freunde sein –, der vertrauensvoll die Ergebnisse der Tests mit Ihnen und dem Kind besprechen kann – und vielleicht auch ein wenig auffangen und mittragen?

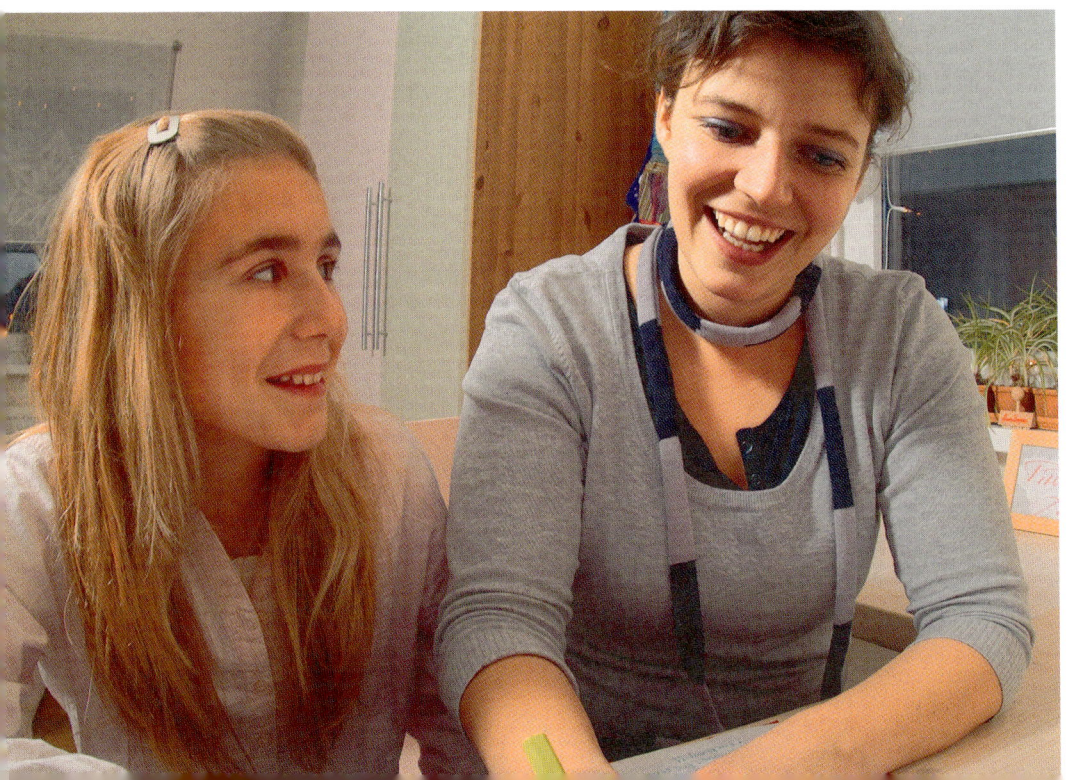

Fragebogen zur Angst in der Schule

Bitte kreuze an:		Ja	Nein
1.	Traust du dich, einfach so zum Lehrer/zur Lehrerin hinzugehen – vor der Schule, in der Pause oder zwischen den Stunden – und mit ihm/ihr zu reden?	☐	☐
2.	Hast du Angst davor, im Unterricht aufgerufen zu werden?	☐	☐
3.	Bist du aufgeregt, wenn du vor der Klasse etwas sagst?	☐	☐
4.	Hast du Angst vor dem Lehrer/vor der Lehrerin?	☐	☐
5.	Traust du dich, es dem Lehrer/der Lehrerin zu sagen, wenn du meinst, er/sie habe sich nicht richtig verhalten?	☐	☐
6.	Hast du Angst, von Mitschülern ausgelacht zu werden, wenn du etwas Falsches sagst?	☐	☐
7.	Traust du dich, dich immer gleich zu Wort zu melden, wenn dir etwas einfällt?	☐	☐
8.	Wenn du in der Schule Angst hast: Kannst du das mit deinen Eltern besprechen?	☐	☐
9.	Hast du Angst, von Lehrern ausgelacht zu werden, wenn du etwas falsch machst?	☐	☐
10.	Glaubst du, dass es dem Lehrer/der Lehrerin recht ist, wenn du deine Meinung offen sagst?	☐	☐
11.	Kannst du dem Lehrer/der Lehrerin sagen, wenn du Angst hast?	☐	☐
12.	Kannst du es dem Lehrer/der Lehrerin sagen, wenn dir der Unterricht nicht gefällt?	☐	☐

Fragebogen zu Mobbing

Bitte kreuze an:		Ja	Nein
1.	Sind deine Möglichkeiten, dich frei zu äußern, stark eingeschränkt?	☐	☐
2.	Gehörst du einer anderen Nationalität oder Religion an als die meisten anderen in deiner Klasse?	☐	☐
3.	Wirst du von deinen Mitschülern nie privat eingeladen?	☐	☐
4.	Wirst du mit Telefonterror belästigt?	☐	☐

Bitte kreuze an:		Ja	Nein
5.	Verstummen deine Mitschüler oft, wenn du den Raum betrittst?	☐	☐
6.	Lachen deine Mitschüler über dich?	☐	☐
7.	Sprechen deine Mitschüler nicht mehr mit dir?	☐	☐
8.	Wirst du ständig kritisiert?	☐	☐
9.	Werden Gerüchte über dich verbreitet?	☐	☐
10.	Greifen deine Mitschüler deine persönliche Meinung an?	☐	☐
11.	Bist du sexuellen Belästigungen verbal oder tätlich ausgesetzt?	☐	☐
12.	Zwingt man dich, Dinge zu tun, die dein Selbstbewusstsein verletzen?	☐	☐
13.	Werden deine Entscheidungen infrage gestellt?	☐	☐
14.	Imitiert man dich, deinen Gang, deine Stimme, dein Lachen?	☐	☐
15.	Gibt man dir Aufgaben weit unter deinem Können?	☐	☐
16.	Gibt man dir Aufgaben, die deine Möglichkeiten übersteigen?	☐	☐
17.	Verdächtigt man dich, psychisch krank zu sein?	☐	☐
18.	Hast du keine Freude mehr an deiner Arbeit?	☐	☐
19.	Warst du in letzter Zeit öfter krank?	☐	☐
20.	Warst du in letzter Zeit gereizt?	☐	☐
21.	Gehst du ungern oder gar nicht zu Klassenfesten oder sonstigen freiwilligen Veranstaltungen der Schule?	☐	☐
22.	Wurde dir schon einmal körperliche Gewalt angedroht?	☐	☐
23.	Werden persönliche Dinge von dir beschädigt (Schulranzen, Bücher, Mäppchen, …)?	☐	☐
24.	Gehst du weniger aus als früher?	☐	☐
25.	Werden Mitschüler gegen dich aufgestachelt?	☐	☐
26.	Werden Witze auf deine Kosten gemacht?	☐	☐
27.	Ziehen sich Mitschüler zurück, zu denen du früher engeren Kontakt hattest?	☐	☐
28.	Leidest du an Schlafstörungen?	☐	☐

Nach dem Test

Keine Frage mit Ja beantwortet: Hat Ihr Kind im jeweiligen Test keine Frage mit Ja beantwortet, so kann es ein, dass wirklich alles in Ordnung ist. Es kann jedoch auch sein, dass das Kind Sie mit den Ergebnissen nicht belasten will, dass es sich schämt und gerade dann, wenn Sie mit dem Kind an einem Fragebogen arbeiten, sich unter Druck gesetzt fühlt. Insofern ist zu überlegen, noch einmal eine andere Person, der Ihr Kind vertraut, mit dem Test einzubeziehen.

Mehr als 4 Fragen mit Ja beantwortet: Wenn Ihr Kind jeweils mehrere dieser Fragen mit Ja beantwortet hat, dann ist Schulangst und/oder Mobbing sicher ein Problem Ihres Kindes. Im Mittelpunkt eines ausführlichen Gespräches sollte dann weniger stehen, ob eine Frage mit Ja oder Nein beantwortet wurde, sondern vor allem der Hintergrund geklärt werden. Hören Sie Ihrem Kind genau zu, aber erspüren Sie auch, wie es Ihrem Kind in der Schule geht. Wenn Sie merken, dass Sie (was durchaus verständlich ist) übermäßige Wut und Zorn bei den Schilderungen Ihres Kindes verspüren, wenn Sie bemerken, dass Ihre Emotionen sich kaum noch steuern lassen, dann sollten Sie schnellstens Verbindungen suchen zu Freunden, Verwandten oder auch zu professionellen Helfern, die sich mit diesen Situationen auskennen und für schnelle Abhilfe sorgen, damit Sie nichts tun, was Ihrem Kind schaden könnte.

Nahezu alle Fragen im jeweiligen Test mit Ja beantwortet: Wenn das nachfolgende Gespräch dieses Bild vertieft, kommen Sie und Ihr Kind um Hilfe von außen, und zwar professioneller Art, wahrscheinlich nicht herum. Ergreifen Sie die Chance, jetzt etwas existenziell Wichtiges für Ihr Kind und sein Leben zu tun. Machen Sie diesen ersten Schritt noch heute!

Anhang

Leiborientierte kreative Kinder- und
Jugendtherapie
Hilfreiche Bücher
Hilfreiche Internetadressen

Leiborientierte kreative Kinder- und Jugendlichentherapie

Die Autoren verweisen in diesem Buch an verschiedenen Stellen auf ihre therapeutischen Erfahrungen. Ihren therapeutischen Ansatz, die leiborientierte kreative Kinder- und Jugendlichentherapie, fassen sie kurz zusammen:

»Leib« stammt aus dem Indogermanischen »lib« oder »leb« und bedeutet »Leben«, »Erleben«, »lebendig«. Leiborientierte Therapie orientiert sich also nicht an vorgegebenen Zielen, sondern daran, wie die Kinder sich und ihre Welt erleben, und zwar mit Körper, Seele und Geist. Dafür wurden mehrere Modelle und Methodiken entwickelt, die unter dem Sammelbegriff »Kreative Leibtherapie« (Baer/Frick-Baer) verbreitet werden, ein Verfahren tiefenpsychologisch fundierter Psychotherapie, die sich auf Phänomenologische Philosophie (Merleau-Ponty, Fuchs), Säuglingsforschung (Stern, Dornes) und Neurobiologie (Damasio, Hüther) stützt.

Wenn Kinder leiden, dann zeigen sie auf irgendeine Art und Weise, woran sie leiden. Leiborientierte Therapeuten hören deshalb nicht nur auf die Worte, die Kinder und Jugendliche benutzen, sondern achten ebenso auf ihre Gefühle und ihr Verhalten, insbesondere auch auf das, was unausgesprochen bleibt. Sie beziehen ihr Denken ebenso wie ihre soziale Umgebung und deren Einflüsse mit ein. Leiborientierte kreative Kinder- und Jugendlichentherapie nutzt deshalb die klinische Diagnostik und geht über sie hinaus, indem sie danach fragt, was hinter den Symptomen steckt.

Therapie ist für diesen Ansatz ein Spielraum, in dem Kinder in einer geschützten Umgebung, vor allem in der Beziehung zum

Therapeuten, neue Ausdrucksmöglichkeiten für das finden, was sie bewegt, und in dem sie neue Möglichkeiten des Verhaltens ausprobieren. Dabei spielen die kreativen Medien des Tanzes und der Bewegung, der künstlerischen Gestaltung und der Musik, des Theaters und der Poesie eine herausragende Rolle. Wofür es keine Worte gibt, gibt es Bilder, Klänge und mehr.

In der Begegnung mit den Therapeut/innen können die Kinder manchmal durch ihr Verhalten einiges zeigen und ggf. »loswerden«, was sie im Alltag, oft unbewusst, in sich festhalten (müssen). Leiborientierte kreative Therapeut/innen bieten sich insbesondere mit ihrer Resonanzfähigkeit, ihrer Beziehungsfähigkeit und ihrer medialen Kompetenz dafür gezielt an und nutzen die Möglichkeiten kreativer Dialoge.

Nähere Informationen: www.zukunftswerkstatt-tk.de

Hilfreiche Bücher und CDs um das Thema Schulangst

Bücher
Für jüngere Kinder:
Michael Ende: Das Traumfresserchen

Um Gefühle anders zur Sprache zu bringen:
Jutta Bauer: Die Königin der Farben
Ab 10, Angst überwinden und Mut zum Eigen-Sinn entwickeln:
Sergio Bambaren: Der träumende Delfin. Eine magische Reise zu dir selbst

Ab 14, Gefühle unter und neben der Angst:
Mats Wahl: Mauer aus Wut

Ab 14, Angst zwischen Leid und Tabu (Suizidalität und Angst):
Elisabeth Zöller: Nana oder der Sinn des Lebens

Ab 14, Wie Angst zum Motor für ein anderes Leben wird:
Jordan Sonnenblick: Wie ich zum besten Schlagzeuger der Welt
wurde – und warum

CDs

Beruhigend erlebt von Kinder ab 9 J:
Enya: The memories of trees
Sinead O'Connor: I do not want what I haven't got
Blue Planet Music: Tracks for the Beach
Frauke Horn & Uli Bracher: Between heaven and earth

Angst musikalisch zur Sprache bringen:
Gustav Holst: The Planets
Claude Debussy: La Mer
Emerson, Lake and Palmer: Pictures at an exhibition
Modest Mussorgski: Eine Nacht auf dem kahlen Berge
Richard Strauss, Also sprach Zarathustra

Hilfreiche Internetadressen

www.bke.de Auf der Seite der Bundeskonferenz für Erziehungs-
beratung – dem Zusammenschluss von mehr als 1000 Erzie-
hungsberatungsstellen in Deutschland – finden Sie die Adresse
der Beratungsstelle in Ihrer Nähe. Außerdem können sich Jugendliche mit ihren Sorgen und Nöten bei bke-Jugendberatung
einloggen, Eltern werden online bei bke-Elternberatung beraten.

www.lernen-ohne-angst.de ist die Webseite einer Elterninitiative,
die sich vor allem mit dem Thema »Lehrergewalt« beschäftigt.

www.Schulpsychologie.de bietet neben Beratung per E-Mail eine Funktion für die Suche nach Schulpsychologen bzw. Beratungsstellen in Ihrer Nähe.

www.aktion-humane-schule.de ist ein seit 1974 arbeitender gemeinnütziger Verein von Eltern, Lehrern und Wissenschaftlern, der sich unter dem Motto »Kinder sind zuerst Kinder – und erst in zweiter Linie Schüler« für eine humane Schule engagiert, mit Kongressen, politischen Stellungnahmen und Beratung sowie Materialien, u. a. auch zu Schulangst und Mobbing.

www.kinderschutzbund.de Der Deutsche Kinderschutzbund ist, mit zurzeit 420 Ortsverbänden, der größte Kinderschutzverband in Deutschland.

www.nummergegenkummer.de – als Kinder- und Jugendtelefon unter 08 00/1 11 03 33 und als Elterntelefon unter 08 00/1 11 05 50 – berät kostenlos und vermittelt Kontakte zu Beratern in Ihrer Nähe.

www.kischuno.de »Kinder (und Lehrer) in Schulnot« wurde von Eltern und Fachleuten gegründet und bietet Unterstützung bei Lehrergewalt/Lehrermobbing – sowohl für die Eltern als auch für Lehrer, die Angst davor haben, dass ihnen die »Hand ausrutschen könnte«.

www.schueler-gegen-mobbing.de ist eine Schülerinitiative, gegründet von einem ehemaligen Mobbingopfer. Sie bietet vor allem Hilfe für Schüler und Beratung für Eltern an.

www.juuuport.de der Landesmedienanstalt Niedersachsen hilft Jugendlichen beim sicheren Surfen im Internet und berät bei »Cyber Mobbing«.

Impressum

**Umschlagkonzept und
-gestaltung; Innenlayout**
Büro Hamburg, Anja Grimm

Satz und Herstellung
Nancy Püschel

Herausgeber und Lektorat
Bernhard Schön

Druck und Bindung
Beltz Druckpartner, Hemsbach

1. Auflage 2010
ISBN 978-3-407-22502-3

Bildnachweis
Umschlagabbildung; S. 1:
© Beau Lark/Corbis
S. 3: mauritius images/Peter
Enzinger
S. 4, 16: © plainpicture/ponton
S. 8: © mauritius images/
André Pöhlmann
S. 14, 68: © mauritius images/
Image Source
S. 16, 21, 51, 59, 118, 122:
© Luigi Toscano
S. 18: © Getty Images/Image
Source
S. 23: © mauritius images/
Photononstop
S. 25: © plainpicture/Fancy
S. 28: © mauritius images/Zefa
S. 34: © mauritius images/
mindbodysoul
S. 37, 65, 80, 85: © Udo Baer
S. 39: © mauritius images/
imagebroker /Lutz P. Kayser
S. 45: © plainpicture/
STOCK4B-RF
S. 53, 110: © mauritius images/
cultúra
S. 68: © mauritius images/
Image Source
S. 74, 79: © mauritius images/
Wolfgang Weinhäupl
S. 83: © mauritius images/
Juice Images
S. 88: © Getty Images/
Jeff Von Hoene
S. 93, 103: © mauritius images/
OJO Images
S. 95: © mauritius images/
Nordic Photos
S. 97: © mauritius images/
imagebroker/ulrich niehoff
S. 98: © mauritius images/
Stockbroker RF
S. 105: mauritius images/age
S. 108: mauritius images/imagebroker/Creativ Studio Heinemann
S. 113: mauritius images/Fancy
S. 116: plainpicture/hasengold

Quellennachweis
S. 119: Fragebogen zur Angst in
der Schule www.aktion-humaneschule.de
S. 119: Fragebogen zu Mobbing
Mobbingberatung Riedrich
www.mobbingberatung.de

In Zusammenarbeit mit:

Deutsche Liga
für das Kind
in Familie und
Gesellschaft

Initiative gegen
frühkindliche
Deprivation e.V.